歴史の旅

太平記の里 新田・足利を歩く

峰岸純夫

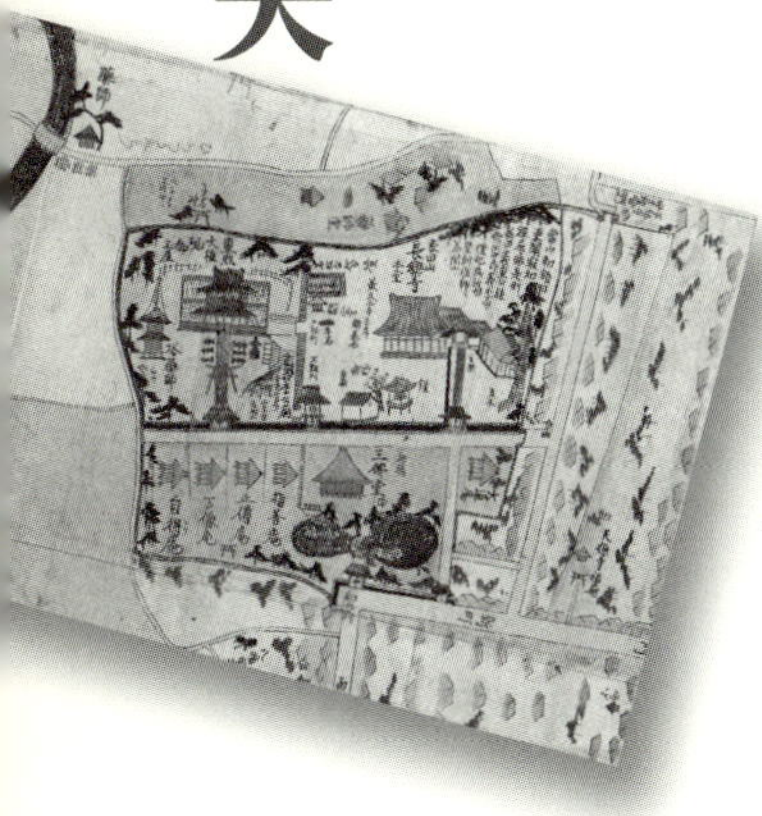

吉川弘文館

目次

太平記と新田・足利荘　1
太平記の世界／新田氏と足利氏

I　新田・足利荘の歴史と風土

一　新田荘の歴史　8
新田荘の景観／新田荘と新田一族／新田義貞の生品神社挙兵／足利千寿王、世良田で第二次蜂起／新田荘の遺跡

二　足利荘の歴史　25
足利荘の景観／足利氏と足利荘／足利荘の遺跡／新田・足利両氏の比較

II　新田荘をゆく

一　長楽寺と総持寺——西南部——　36
太田市立新田荘歴史資料館／東照宮／長楽寺／総持寺／普門寺／八坂神社（天王社）／世良田宿と市／堀内（伝船田義昌館跡）／二体地蔵塚／西今井館跡／花香塚郷と安成寺／中江田来迎寺／徳川館跡／

大館館跡／花見塚（別名柊塚）・勾当内侍伝承地／明王院／利根川南の新田荘
二　新田嫡流ゆかりの地を尋ねる——中央部——　65
江田館跡／東田遺跡／矢太神水源と重殿水源／綿打館と大慶寺／田中氏と長慶寺／金井金山の五輪塔群／生品神社／市野井の館跡と湧水群、寺跡・墓地群／正法寺／脇屋館跡／反町館跡／円福寺境内と十二所神社境内／新田嫡流家の本拠地由良郷／常楽寺跡／細谷村
三　岩松氏と堀口氏——南東部——　88
堀口館跡／岩松八幡宮／岩松館跡／金剛寺と青蓮寺
四　牛の塔と大島館・金山城——東　部——　95
牛の塔／大島館跡／呑龍様・大光院／金龍寺／太田市立史跡金山城跡ガイダンス施設（地域交流センター）／金山城跡／八王子丘陵を越えた足垂郷
五　条里制水田地帯と里見氏の故地——東南部——　104
新田荘の条里水田、飯田・飯塚・矢島／里見氏の故地高林・牛沢
六　笠懸野と天神山凝灰岩——北　部——　108
笠懸野と中世東山道（あずま道）／天神山の凝灰岩採掘場／船田義昌の所領新川郷

Ⅲ　足利荘をゆく

一　鑁阿寺と足利学校——中央部——　116

善徳寺／足利学校跡／足利氏宅跡（鑁阿寺）／足利郡衙・勧農城跡／足利氏歴代菩提寺

二　よみがえる樺崎寺と高南氏のふる里——東北部——　132

樺崎寺跡・樺崎八幡宮／光得寺／金蔵院／清源寺

三　密教寺院鶏足寺と小俣氏——西北部——　142

鶏足寺／小俣城跡

四　梁田御厨と木戸地区——南　部——　147

山辺八幡宮／木戸館跡

あとがき　152

参考文献　155

新田・足利荘地図一覧、図版一覧

索　引

太平記と新田・足利荘

太平記の世界

『太平記』は、当初は後醍醐《ごだいご》天皇（文保《ぶんぽう》二年〔一三一八〕〜暦応《りやくおう》二年〔一三三九〕）の一代記として叙述されたと推定され、それに足利氏の指示によって若干の改訂が加えられ、さらに続きの部分が記述されて全四〇巻におよぶ軍記物語の傑作として完成した。元弘《げんこう》三年（一三三三）におこった元弘の乱による鎌倉幕府の崩壊、建武《けんむ》政権の成立、そして足利氏の離反による同政権の崩壊と南北朝内乱の発生、その過程における足利政権内部の尊氏《たかうじ》・直義《ただよし》の対立（観応《かんのう》の擾乱《じようらん》）とその後に南朝勢力を加えた三勢力の抗争などを、二代将軍足利義詮《よしあきら》の逝去《せいきよ》（貞治《じようじ》六年〔一三六七〕）まで、約半世紀間の歴史的政治ドラマの総過程を活写している。

先行の軍記物語である『平家物語《へいけものがたり》』に比較すると叙情的・文学的な要素は少なくなっており、むしろリアリズムで淡々と史実を追いかけていく描写となっており、それ故に歴史史料としての評価は高い。

この中に登場する人物の記載回数を機械的に集計したベストナインは、次のとおりである。これらの人物は、『太平記』の主役といってよい。

①足利尊氏（四六四）　②新田《にった》義貞《よしさだ》（三八一）　③後醍醐天皇（三二七）

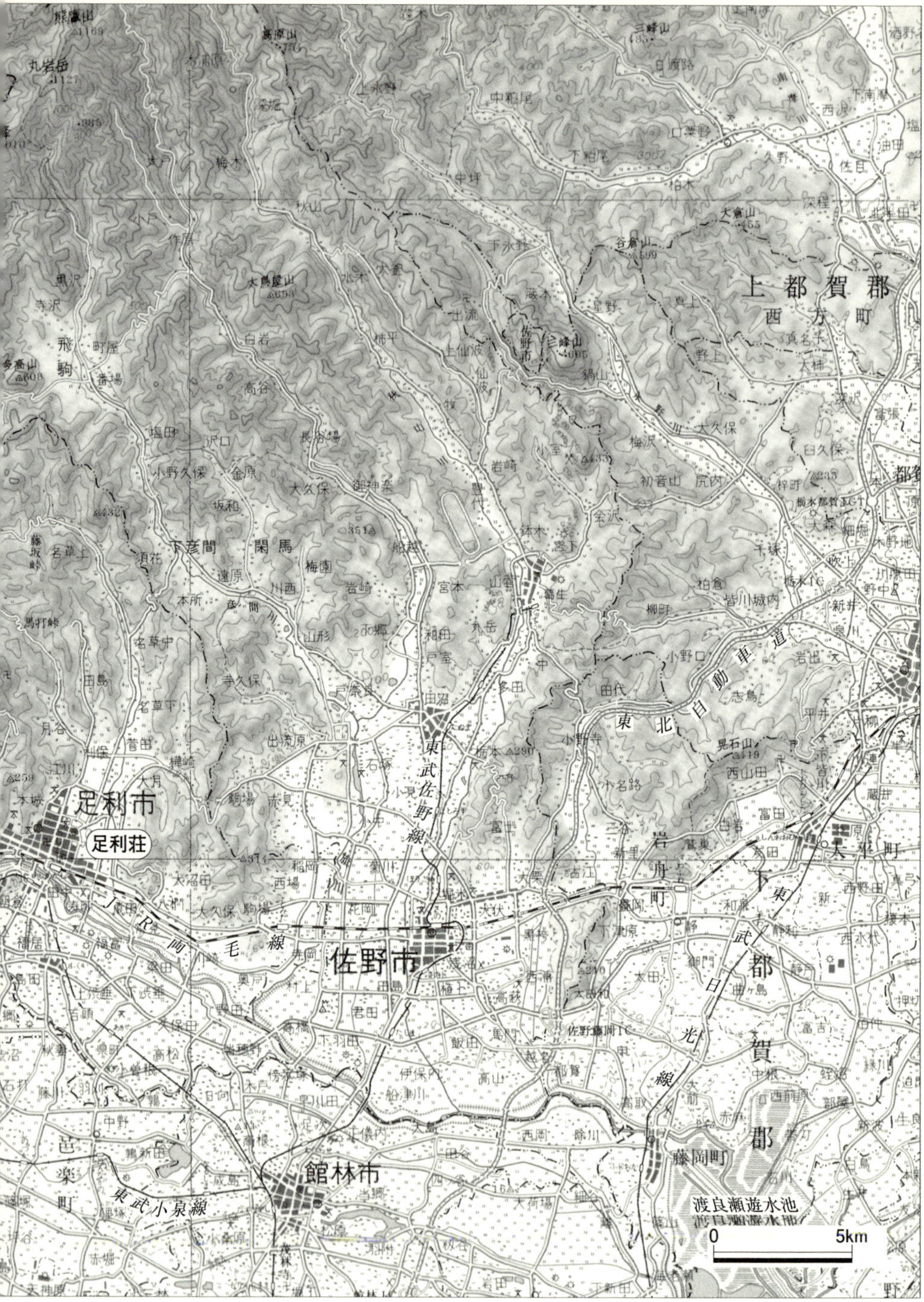
上都賀郡
西方町
足利市
足利荘
佐野市
館林市
岩舟町
下都賀郡
大平町
藤岡町
邑楽町
東北自動車道
JR両毛線
東武佐野線
東武日光線
東武小泉線
渡良瀬遊水池
0
5km

第１図　新田・足利荘周辺図

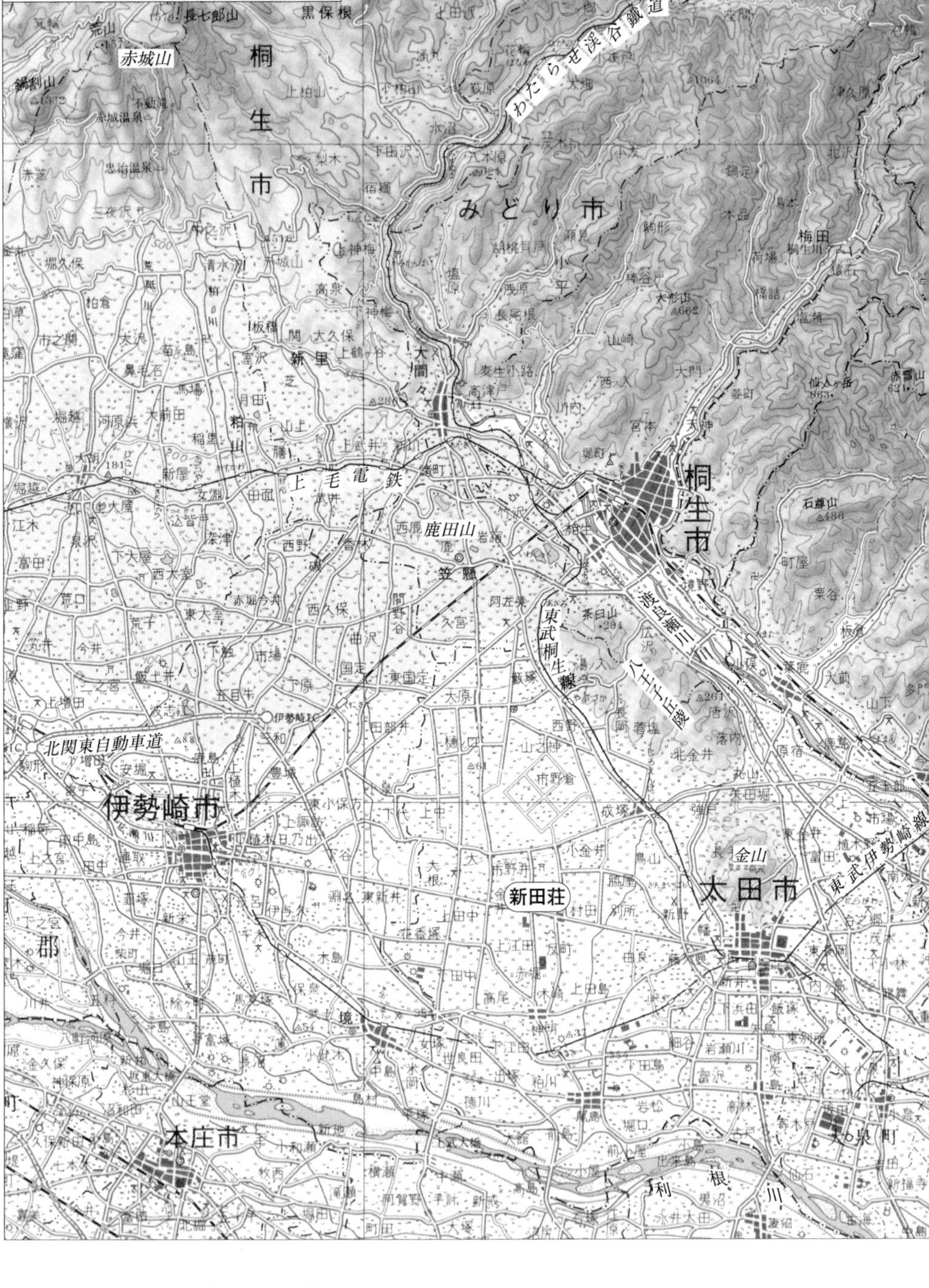

④高師直《こうのもろなお》（二四一）　⑤足利直義（二三二）　⑥足利義詮（二〇〇）

⑦楠木正成《くすのきまさしげ》（一七三）　⑧新田義助《にったよしすけ》（一一八）　⑨北条高時《ほうじょうたかとき》（一一二）

足利氏（高師直を含む）の合計は一一三六回、これに対して新田氏は四九九回で、その他の天皇方はほぼ同数の五〇一回である。単純化していえば、足利勢力に対する新田氏を中心とする南朝方との抗争史の叙述ということになる。

本書は、この「『太平記』の里」ともいうべき上野国《こうずけのくに》（群馬県）新田荘《にったのしょう》と下野国《しもつけのくに》（栃木県）足利荘《あしかがのしょう》の地を現地に即して見ていただいて、思い切って七〇〇年前の世界に遊び過去の歴史を体感してもらう意図で編さんしたものである。

新田氏と足利氏

新田・足利両氏は、ともに清和《せいわ》天皇の孫経基《つねもと》に始まる**清和源氏《せいわげんじ》**の子孫である。五代の八幡太郎義家《はちまんたろうよしいえ》は前九年《ぜんくねん》・後三年《ごさんねん》両度の合戦で武名をとどろかせた。その子の義国《よしくに》は、新田氏の祖義重《よししげ》と足利氏の祖義康《よしやす》の父である。新田は赤城山《あかぎやま》東南麓の大間々扇状地《おおまませんじょうち》、足利は足尾山地《あしおさんち》南麓の扇状地に立地し、渡良瀬川《わたらせがわ》を隔てて上野・下野と国を異にするが、ここを東山道《とうさんどう》が東西に貫通するという北関東の近隣の地で、ここに一二世紀に新田荘と足利荘がそれぞれ成立し、義重が新田荘に、義康が足利荘にそれぞれ配置されて、その子孫が鎌倉時代に繁栄を遂げた。同祖のよしみもあって、鎌倉幕府《かまくらばくふ》打倒には連携して戦ったが、建武政権の支持・不支持では袂《たもと》を分かって相争うことになった。

この新田氏と足利氏の歴史めぐりに、本書によって読者をご案内することにしたい。

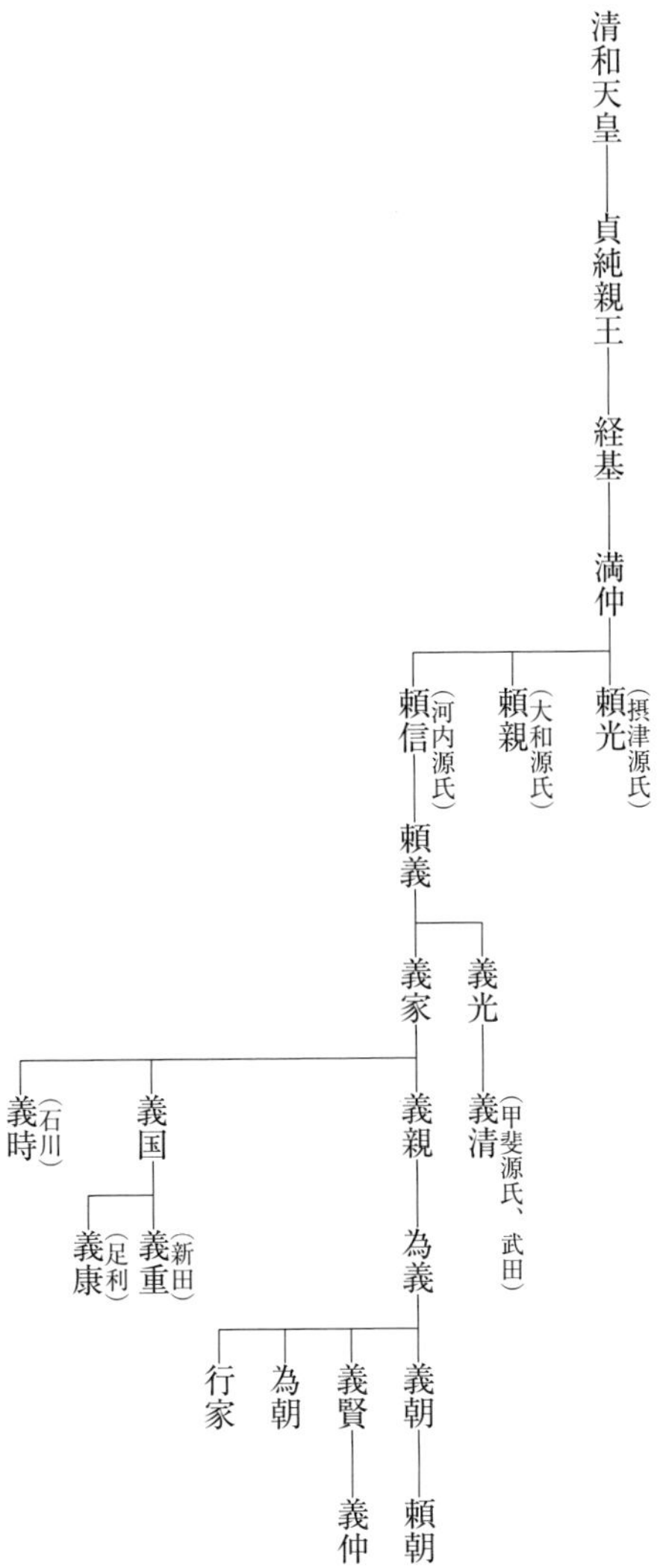

1　源氏系図

なお、本書を利用していただき現地を歩かれる方に、収載の地図についてふれておきたい。地図は国土地理院発行のもので、第1図「新田・足利荘周辺図」は二〇万分の一の地勢図「宇都宮」を、第2〜6図は五万分の一、第7〜19図は二万五〇〇〇分の一の地形図を使用した。第2図以降の地図の地域名は各図の下方に示した。

また、地図内の丸罫囲みゴチック体文字は新田荘・足利荘にとって重要な地名を、罫囲みゴチック体文字は国指定史跡を、ゴチック体文字は県市の指定史跡のほかその他の史跡を示した。

I

新田・足利荘の歴史と風土

2　生品神社

『太平記』によれば，元弘３年（1333）「５月８日の卯の刻に，生品神社の御前にて旗を挙げ，綸旨（りんじ，蔵人が天皇の意思を承り伝達する文書）をひらいて三度拝し，笠懸野へ打ち出でらる」と記されている．旗揚げに従った主な一族は，わずかに150騎であったという．

3　みどり市笠懸町より鹿田山を臨む

一　新田荘の歴史

新田荘の景観

新田荘は、西北部から東北部にかけて丘陵が断続的に連なる。また東北部丘陵の東麓には渡良瀬川《わたらせがわ》が流れている。これらの丘陵は北の**鹿田山**《しかだやま》（その西南端に天神山《てんじんやま》）、東北の**八王子丘陵**（茶臼山《ちゃうすやま》）、そして**金山**《かなやま》**丘陵**と続く。この丘陵に囲まれた南に地質学上では大間々《おおまま》扇状地《せんじょうち》といわれる大きな扇状地が渡良瀬川の開析によって形成されている。

扇状地北半部は鹿田山南を扇頂とし、その南の扇央部に笠懸野《かさがけの》と称される広大な荒蕪地《こうぶち》（乾燥地域）が広がる。その南に扇端部があり、寺《てら》井《い》・上野井《かみのい》・市野井《いちのい》・金井《かない》・田部井《ためがい》と「井」の付く地名がほぼ直線状に東西方向に並び、そこには湧水が噴出し南の水田を潤している。さらに中世初期に渡良瀬川から引水する新田堀用水《にったぼりようすい》が開削され、八王子・金山丘陵から流れ下る自然用水と合わせて新田荘の水田地帯を形成している。

4　太田市藪塚町より八王子丘陵を臨む

5　太田市脇屋町より金山丘陵を臨む

北は丘陵地帯、西は早川、東は八瀬《やせ》川、南は利根川にほぼ囲まれた地域には、古代律令制下に新田郡が成立していたが、天仁《てんにん》元年（一一〇八）の浅間山の大噴火による火山灰で荒廃していた。この東南部地域を新田義重が再開発して私領《しりょう》とし、ここを足がかりにして新田郡全域を、一二世紀の後半には金剛心院領《こんごうしんいんりょう》新田荘を成立させてその下司職《げししき》を掌握した。

新田荘と新田一族

この地に始祖の新田義重が足跡をしるして以来、その子孫が各郷村に館《やかた(たち)》を構えて、その郷名《ごうめい》を名乗りとして展開して行った。義重には五人の子息がおり、里見義俊《さとみよしとし》系は西上野の碓氷郡里見《うすいぐんさとみ》を名字《みょうじ》の地とし、そのほかの一族は新田荘に残った。嫡子の新田義兼《よしかね》系は新田荘中央部の由良郷《ゆらごう》を拠点とし、西上野の八幡荘《やわたのしょう》（高崎市）をも支配した。世良田《せらだ》（徳川）義季《よしすえ》系は世良田郷を中心とする西南部を拠点とした。額戸経義《ごうどつねよし》系は東北部の金山《かなやま》丘陵西北麓を支配した。そして西上野の八幡荘山名郷《やまなごう》に山名義範《やまなよしのり》系が根を下し、この一族は新田荘には所領はなかった。南北朝期以降に本拠を中国地方の伯耆国《ほうきのくに》（鳥取県西部）に移しその守護《しゅご》として活躍する。のちの応仁《おうにん》の乱勃発に際し、西軍の主将として活動する山名宗《そう》全《ぜん》（持豊《もちとよ》）はその子孫であり、この時期まで山名氏は八幡荘の山名八幡

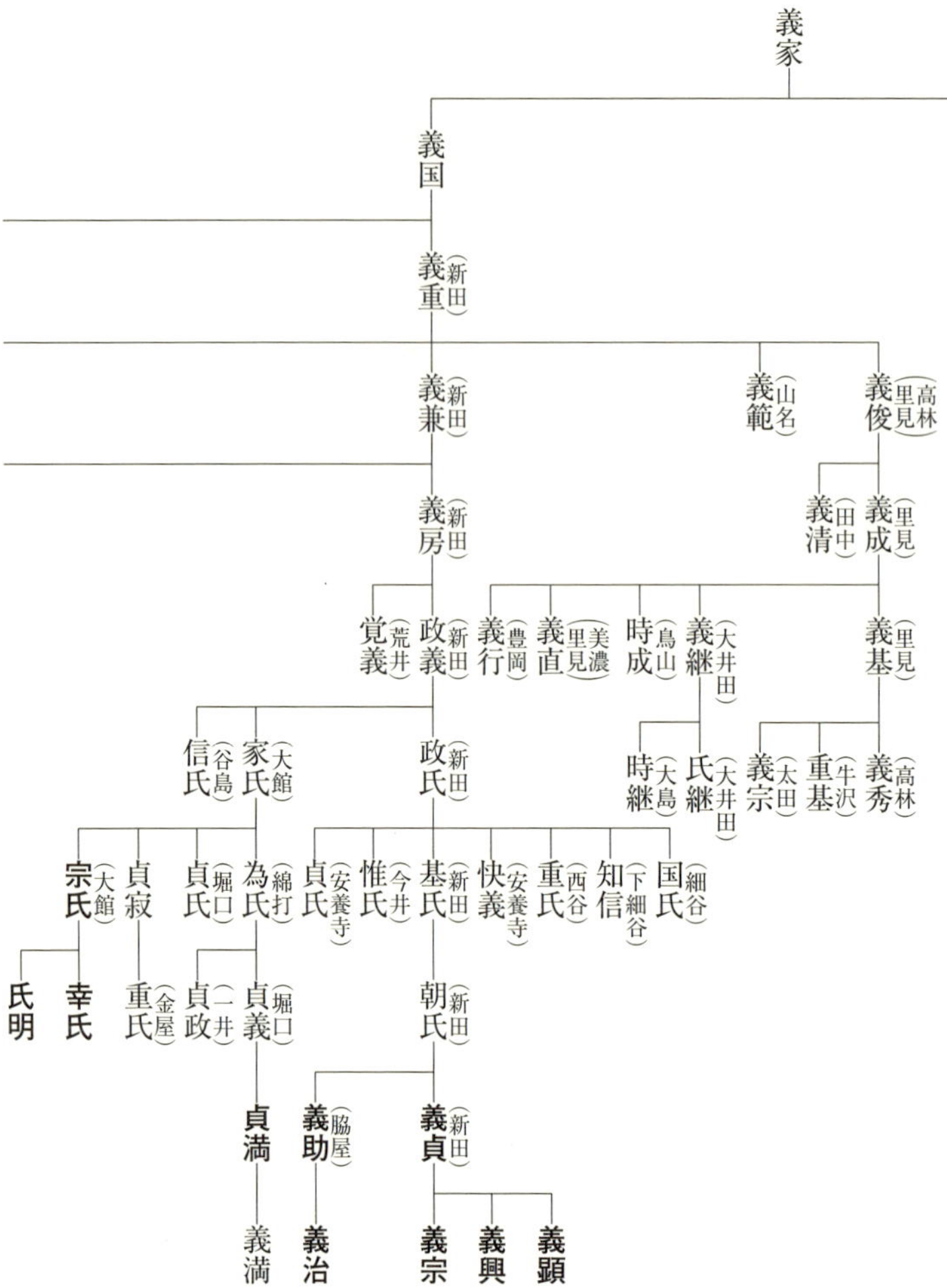

つけより群馬へ』より．一部補正）

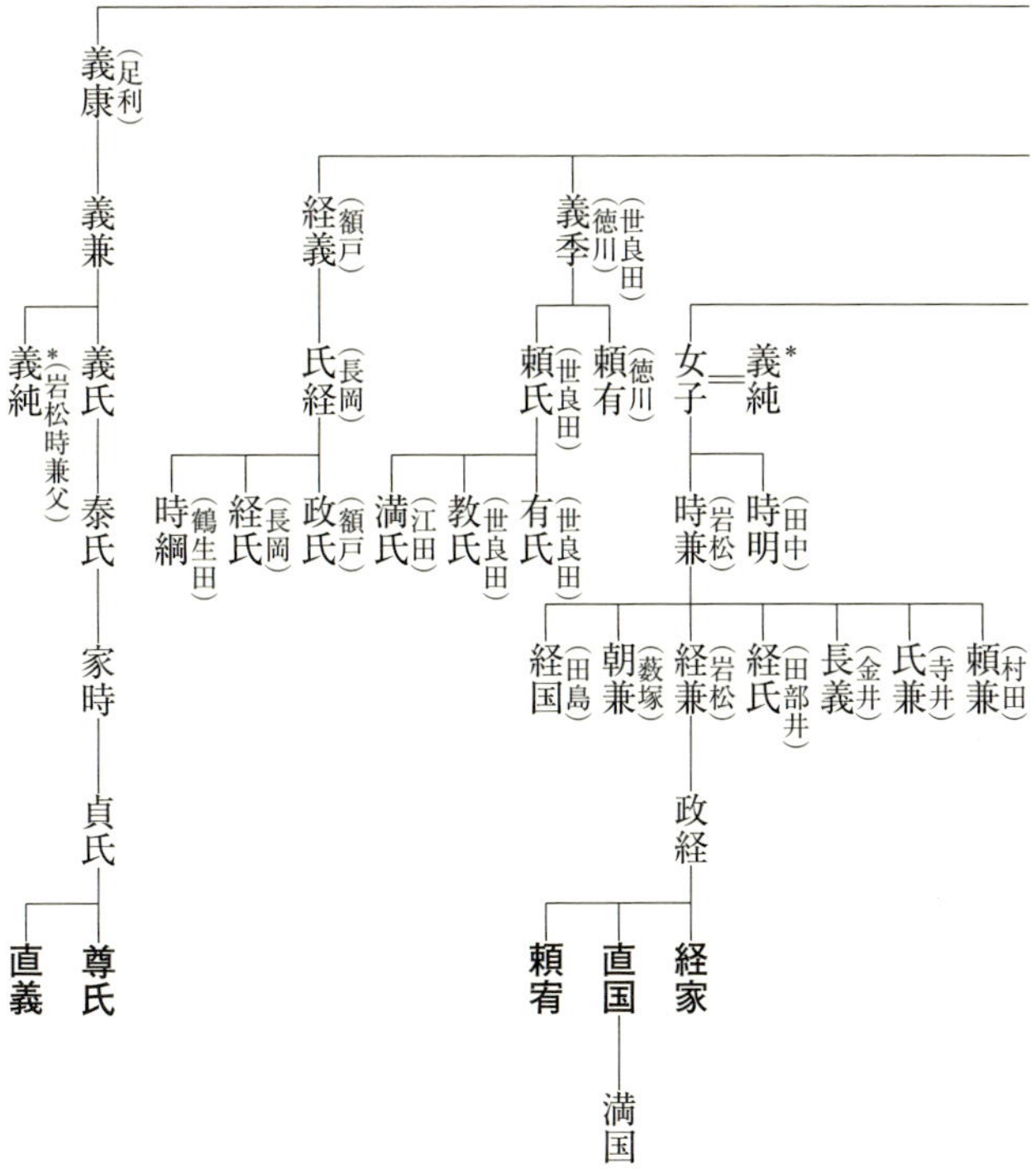

6　新田氏系図（尾崎喜左雄編『かみ

7　長楽寺勅使門

宮に対する権益を確保していた（山名八幡宮文書）。

また、足利義兼《よしかね》の子息義純《よしずみ》と新田義兼《よしかね》の娘との間に生まれた時兼《ときかね》・時《とき》明《あき》はそれぞれ岩松《いわまつ》氏・田中《たなか》氏を称して荘の中央部・南部に所領を持った。また、里見系支族は越後国魚沼郡《えちごのくにうおぬまぐん》地方に展開して行った（以上、系図参照、『太平記』に登場する人物はゴチック体文字で示した）。

新田荘中央部を西から東にかけて、田中郷・江田郷・市野井郷・由良郷と荘の中核的な郷（第2～4図）が立地する。とりわけ新田氏惣領家《そうりようけ》の拠点であった由良郷は本郷を中心に北から脇屋村《わきやむら》・別所村《べつしよむら》、南に細谷《ほそや》村《むら》と南北に郷域が伸びている。一般的に新田荘における村落は、用水系との関係で南北に伸び、上田中・下田中、上江田・中江田・下江田、上田島・下田島などと村落が連なり、水田が造成される低地帯に囲まれた微高地に集落が形成されている。

新田荘西南部の世良田宿は、新田一族の有力庶家世良田（徳川）氏の氏寺《うじでら》**長楽寺**《ちようらくじ》や**総持寺**《そうじじ》、天台寺院《てんだいじいん》の普門寺《ふもんじ》、八坂神社《やさかじんじゃ》（牛頭天王社《ごずてんのうしや》）などが立ち並び、それらの門前町として中世を通じて繁栄していた。総持寺の門前から東に伸びる道が南折しこれが長楽寺の東を走る。この東西・南北のかぎの手の道をメイン道路として宿が形成され、四日市・六日市などの定期市が開かれていた。東西道の北に八坂神社、南北道の東に普門寺が建っていた。この道のちょうどかぎの手の交点の東北に、伝**船田**《ふなだ》

第2図　新田荘主要図(1)

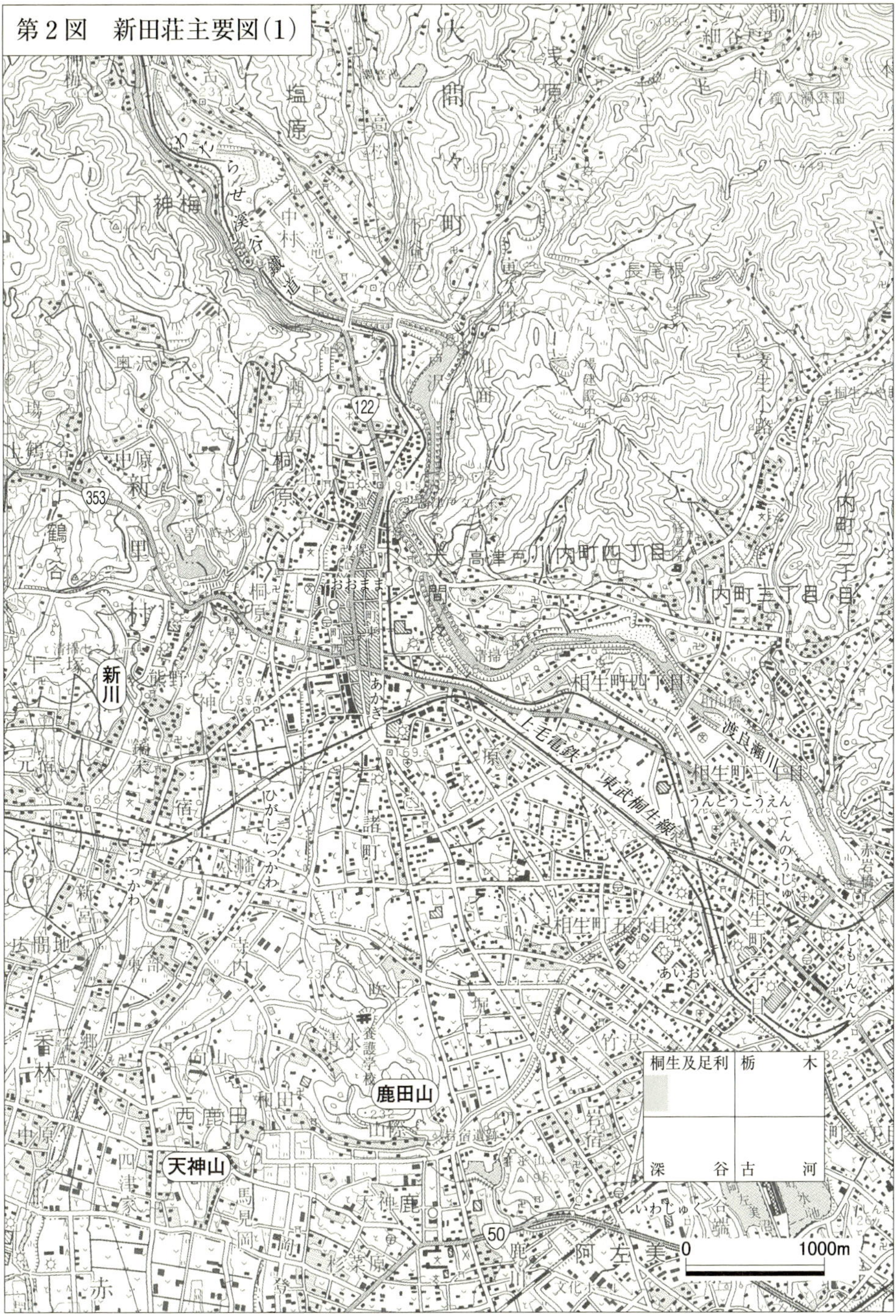

（15ページへ続く）

（27ページへ続く、重複あり）

（29ページへ続く、重複あり）

へ続く）

(13ページより続く)

第3図　新田荘主要図(2)

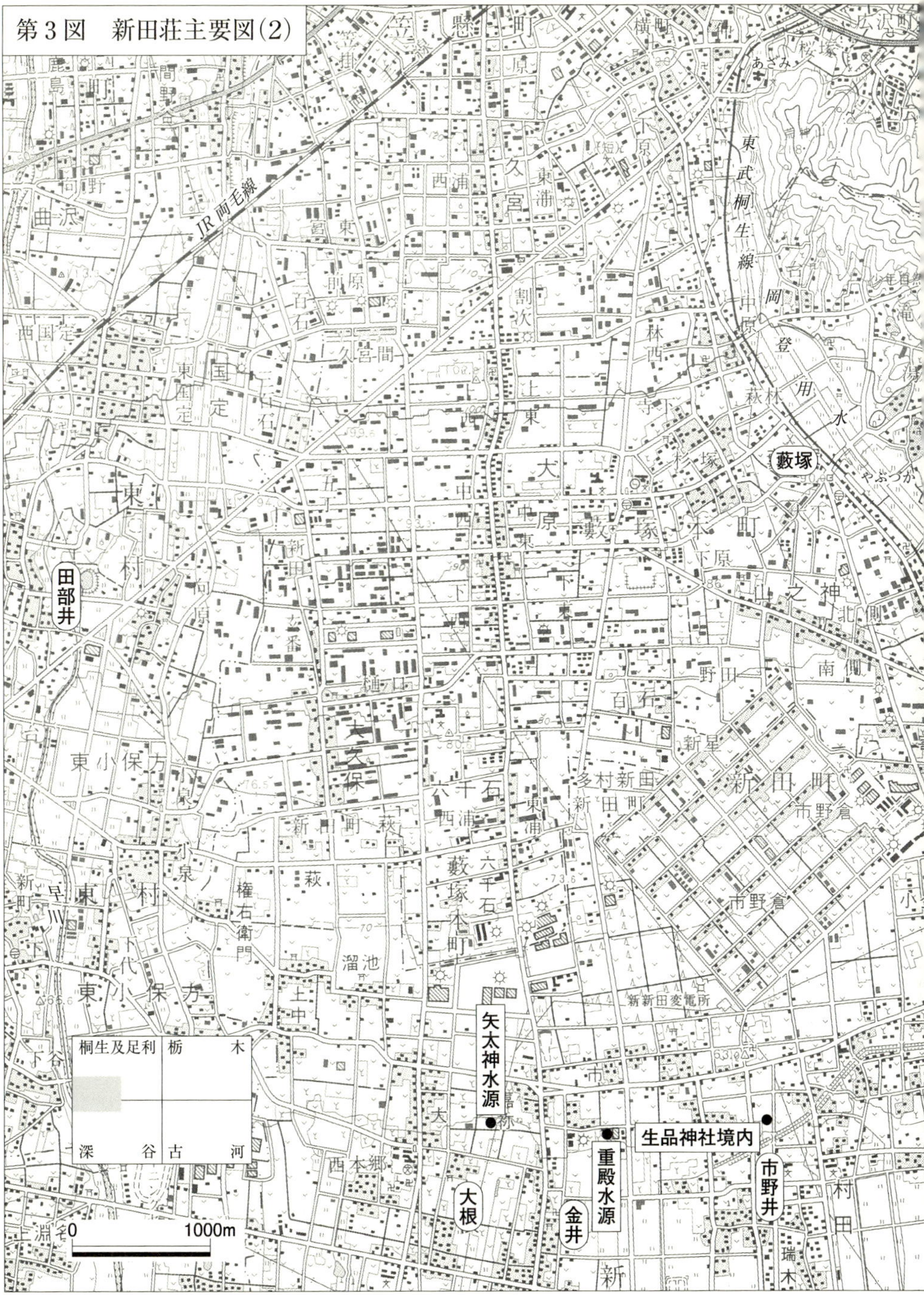

(16～17ページ

より続く）

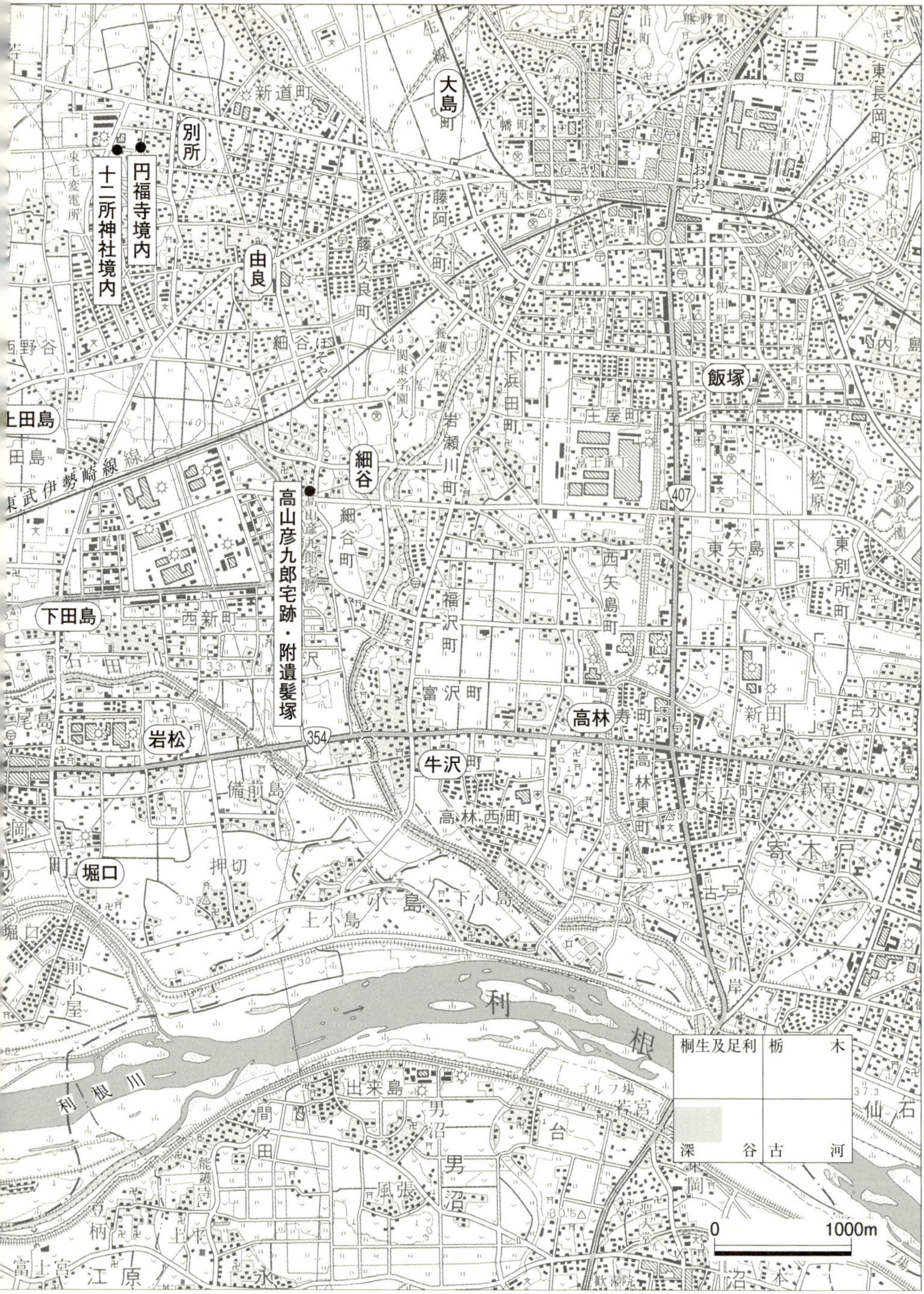

（29ページへ続く、重複あり）

(14～15ページ

第4図　新田荘主要図(3)

8　総持寺鐘楼と街道

屋敷《やしき》の堀の内（館）があった。船田（舟田とも記す）義昌《よしまさ》は新田義貞の執事《しつじ》として活躍する武将で、この場所は中世では中今井村という地区にあたる。船田氏がここを拠点として世良田宿を管轄していたと考えられる。戦国期には、ここは金山城主由良成繁《ゆらなりしげ》の重臣大沢氏の屋敷となり、江戸時代には国学者毛呂権蔵《もろごんぞう》が居住した。

長楽寺は臨済禅宗関東十刹《りんざいぜんしゅうかんとうじっさつ》という関東の有力寺院として繁栄をとげ、新田政義《まさよし》が「自由出家《じゆうしゅっけ》」（幕府の許可なく京都大番役《きょうとおおばんやく》中に出家。『吾妻鏡《あずまかがみ》』寛元《かんげん》二年（一二四四）六月十七日条）や預かった犯科人《はんかにん》を逃亡させた罪で処分された後は、世良田氏が鎌倉中・後期に新田荘の惣領職《そうりょうしき》を得ていたこともあって世良田は新田荘の政治・経済の中心の観を呈していた。やがて、世良田頼氏《よりうじ》が鎌倉幕府内の北条氏の内紛、すなわち執権北条時宗《しっけんほうじょうときむね》と六波羅探題北条時輔《ろくはらたんだいほうじょうときすけ》との対立に巻き込まれ、謀反加担の罪で佐渡への流罪に処せられると世良田宿の管理権は新田氏に委ねられたようである。

新田義貞の生品神社挙兵

元弘《げんこう》三年（一三三三）に、鎌倉幕府は河内《かわち》で反乱を起こした楠木正成《くすのきまさしげ》を討伐するために大軍を動員していた。その経費をまかなうために臨時課税の「有徳銭《うとくせん》」の徴収に踏み切った。有徳銭とは経済力のある商工業

9　伝船田屋敷の堀内

者に課す富裕税のことである。「世良田には有徳の者多しとて」（『太平記』巻一〇「新田義貞謀叛《むほん》の事、付けたり天狗《てんぐ》越後《えちご》勢《ぜい》を催《もよお》す事」）、上野国の守護で新田荘の西隣の渕名荘《ふちなのしょう》に所領を持つ執権北条高時は、家臣の紀出雲《きのいずもの》介親連《すけちかつら》と黒沼彦四郎《くろぬまひこしろう》入道《にゅうどう》に命じて多勢を引き連れ世良田に入部させて「六万貫を五日中に沙汰《さた》すべし」ということで、厳しい銭貨の徴発を行った。世良田宿には富裕な商工業者が当時集住していたことが知られる。ちょうどその時に後醍醐天皇の綸旨《りんじ》を得て河内の戦線から離脱し故郷に帰っていた新田義貞は、「わが館《たち》の辺を、雑人《ぞうにん》の馬の蹄《ひづめ》に懸けさせる事こそ、無念なれ」と怒り、二人を拘束して黒沼を斬首《ざんしゅ》して世良田の里のなかに首を懸けた。親連は新田氏の重臣船田義昌《ふなだよしまさ》の同族紀氏であることから船田の助命嘆願で命だけは助かった。

このことを聞いた北条高時は激怒し、義貞と弟の脇屋義助《わきやよしすけ》の追討を武蔵・上野両国に命じた。義貞はこれを聞いて一族の者を集め、「この事いかがあるべきと」評定を開いた。そこで弟の義助は、

弓矢の道、死を軽んじて名を重んずるを以って義とせり。なかんづく相模守《さがみのかみ》（北条高時）天下を執《と》りて百六十余年、今に至るまで武威《ぶい》盛《さか》んに振るうて、その命を重んぜずと言ふところなし。さればたとひ利根川をさかうて（隔てて）防ぐとも、運尽きなば叶《かな》ふまじ。また越後国《えちごのくに》の一族をたのみたりとも、人の意《こころ》不和《ふくわ》ならば、久しき謀《はかりごと》

10　新田義貞旗挙塚（生品神社）

にあらず。さしたる事もし出ださぬものゆゑに、ここかしこへ落ち行きて、新田の某《それがし》こそ、相模守の使ひを切りたりし咎《とが》によつて、他国へ逃げて討たれたりしかなんど、天下の人口《じんこう》に入らん事こそ口惜《くちお》しけれ。（中略）運命を天にまかせて、ただ一騎なりとも国中《こくちゅう》へ打ち出でて、義兵を挙げたらんに、勢付《ぜいつ》きなばやがて鎌倉を攻め落すべし。勢付かずんば、ただ鎌倉を枕にして、討死するより外《ほか》の事やあるべき。（『太平記』巻一〇「新田義貞謀叛の事、付けたり天狗越後勢を催す事」〈新潮日本古典集成〉）

との意見を主張し、一族の者はこれに同調して**生品神社**《いくしなじんじゃ》で旗揚《はたあ》げすることになる。これをきっかけにして新田義貞の倒幕蜂起が開始されるのである。

世良田宿の東はずれの小山に石仏二体が立てられ、地元では**二体地蔵塚**として祀っている。親連と黒沼の供養塔《くようとう》といわれているが、実際は黒沼とその従者であったかもしれない。この地は世良田の磔《はりつけ》場《ば》といわれ、その後も刑場となっていたらしい。

世良田への有徳銭徴収使の処刑を知った北条高時は、新田義貞の誅《ちゅう》伐《ばつ》を命じたが、義貞は機先を制して五月八日に生品神社に軍勢を集めて蜂起した。結集した武将は、次のとおりである。

新田太郎義貞・弟脇屋次郎義助、大館《おおだち》次郎《じろう》宗氏《むねうじ》・子息孫次郎幸氏・

11　二体地蔵

弥次郎氏明・彦二郎氏兼、江田三郎光義、堀口三郎貞満・弟四郎行義、岩松三郎経家、里見五郎義胤《よしたね》、桃井次郎尚義《もものいじろうなおよし》。おおむね新田一族であるが、岩松氏は、父系は足利氏、母系は新田氏の両属関係にあり、桃井氏は足利氏の一族である。主力の新田軍に足利の一族も加わっている。

当初の軍勢はわずか一五〇騎、生品神社から北に走る「あずま道」（中世東山道）を西に進撃、利根川の「大渡り」（浅瀬の渡河点）を越えた。この時点で越後国魚沼郡に展開する里見・鳥山・田中・大井田・羽川の一族と合流した。彼らは「天狗山伏の知らせ」で駆けつけたと冗句交じりに語った。上信越国境を越えた交通路によって西上野の里見氏から山伏などによる挙兵情報がもたらされたと考えてよい。その日は、新田氏の西上野の拠点八幡荘寺尾（高崎市）付近で宿泊して、翌日に鎌倉街道上道《かみつみち》に沿って一路鎌倉を目指して進撃した。

新田義貞の蜂起した生品神社は、大間々扇状地の扇端にあたる湧水地帯の市野井（一井）郷にあり、赤城神社系の社で平安時代に編さんされた『延喜式《えんぎしき》』に記録されていて、地域の崇敬を集めていたと考えられる。社前を東西に横断する**新田堀（長堀）用水**は渡良瀬川を広沢（桐生市）から引水していることが、戦国時代の文献史料に見られるが、その始原はもっと古く平安時代末期の新田荘の開発にともなって開削されたものと

12　新田堀（長堀）用水

推定される。現在も社地は巨木に覆われた神域を形成している。

足利千寿王、世良田で第二次蜂起

鎌倉を脱出して行方をくらましていた千寿王《せんじゅおう》（足利尊氏子息、後の二代将軍義詮《よしあきら》）は、家臣の紀五左衛門尉《きのござえもんのじょう》（政綱）や新田一族の世良田義政に擁立されて世良田に第二陣の蜂起をした（『梅松論《ばいしょうろん》』）。この第二陣の軍勢は、おそらく新田荘南の利根川の渡しを越えて武蔵に進撃したと想定され、その後に第一陣に合流したのであろう。ここに新田・足利連合軍による鎌倉攻めの体制が整い、関東各地からの援軍も加わって膨大な軍勢となった。この第二陣蜂起の場所は不明だが、世良田地域の適所を求めると世良田宿北の**八坂神社**（天王社）かと思われる。

足利千寿王の挙兵場所は『太平記』に記されていないが、江戸幕府の修史事業の一環として編纂された『後鑑《のちかがみ》』に「常陸国《ひたちのくに》鳥《と》巣《す》無量寿寺《むりょうじゅじ》文書《もんじょ》」として、つぎの文書が収載されている。

「関城において大将三州《さんしゅう》（高師冬《こうのもろふゆ》）直《ただ》ちに召し置かる申状案《もうしじょうあん》」

常陸国鹿島《かしま》尾張権守《おわりごんのかみ》利氏《としうじ》謹《つつし》んで言上《ごんじょう》す

（中略）

一、本知行元弘勲功地《ほんちぎょうげんこうくんこうち》、同国南郡内下吉景村地頭職《じとうしき》の事

右利氏、元弘三年五月十二日上野国世良田に馳参《ちさん》し、将軍家《しょうぐんけ》若君《わかぎみ》

13　八坂神社（天王社）への道

の御方《おんかた》に参ぜしむるの処、新田三河弥次郎満義（世良田）の手に付せられ、数輩の子息若党以下討死の忠によって、将軍家の度々《たびたび》の御《ご》吹挙《おすいきよ》に預かり、去建武二年九月二十三日下吉景村地頭職海東忠行領知分を充て賜り勲功の賞として当知行《とうちぎよう》の条、官符宣《かんふせん》并びに国宣《こくせん》御《お》牒等《ちようとう》に分明なり。

（下略）

康永元年八月十五日　大将直ちに召し置かる申状の案文なり。

この文書には注目すべき文言として、鹿島利氏が五月十二日に上野国世良田に馳参し、「将軍家若君の御方」（千寿王）の陣に加わり、新田一族世良田満義の軍団に配属されたとあることである。このことから千寿王は世良田において挙兵したと考えられるのである（拙著『新田義貞』）。

新田荘の遺跡

新田荘と新田氏関係の中世遺跡は、二〇〇〇年（平成十二）に新田荘遺跡として、国史跡に指定された。指定地は、太田市内の次の一一カ所である。括弧内は遺跡所在地を示す。

①円福寺境内（別所町）
②十二《じゆうに》所神社《しよじんじや》境内（別所町）
③総持寺境内（世良田町）

14　八坂神社の鳥居

④長楽寺境内（世良田町）
⑤東照宮境内（世良田町）
⑥明王院境内（安養寺町）
⑦生品神社境内（新田市野井町）
⑧反町《そりまち》館跡《やかたあと》（新田反町町）
⑨江田館跡（新田上江田町）
⑩重殿水源《じゅうどのすいげん》（新田市野井町）
⑪矢太神水源《やだいじんすいげん》（新田大根町）

これらの遺跡についてはそれぞれの箇所で、「国指定」の表示をつけて説明する。

15　足利市付近の渡良瀬川

二　足利荘の歴史

足利荘の景観

足利荘は、院家領《いんけりょう》の祈願寺《きがんじ》安楽寿院領《あんらくじゅいんりょう》として下野国足利郡に成立し、南の梁田郡《やなだぐん》には伊勢皇大神宮領《いせこうたいじんぐうりょう》梁田御厨《やなだのみくりや》が成立していた。治承《じしょう》・寿永《じゅえい》の内乱に足利郡司としてこの地域に勢力を持っていた藤原（秀郷流《ひでさとりゅう》）姓足利氏が滅亡し、梁田御厨を拠点としていた源姓足利氏が両者を併呑するようになると、両者の一体化が進み足利荘＝梁田御厨という状態になった。

当初の足利荘と梁田御厨の境界は、足利の西北部から流れ下る清水川という小河川であったが、室町時代の大洪水で上野・下野の国境を流れていた**渡良瀬川**本流がこの清水川に流れ込んで今日の河道となっている。一方旧渡良瀬川は、現在は矢場川という小河川となっている。

へ続く）

第5図　足利荘主要図(1)

(14ページより続く)

(28~29ページ

より続く）

(26~27 ページ

第６図　足利荘主要図(2)

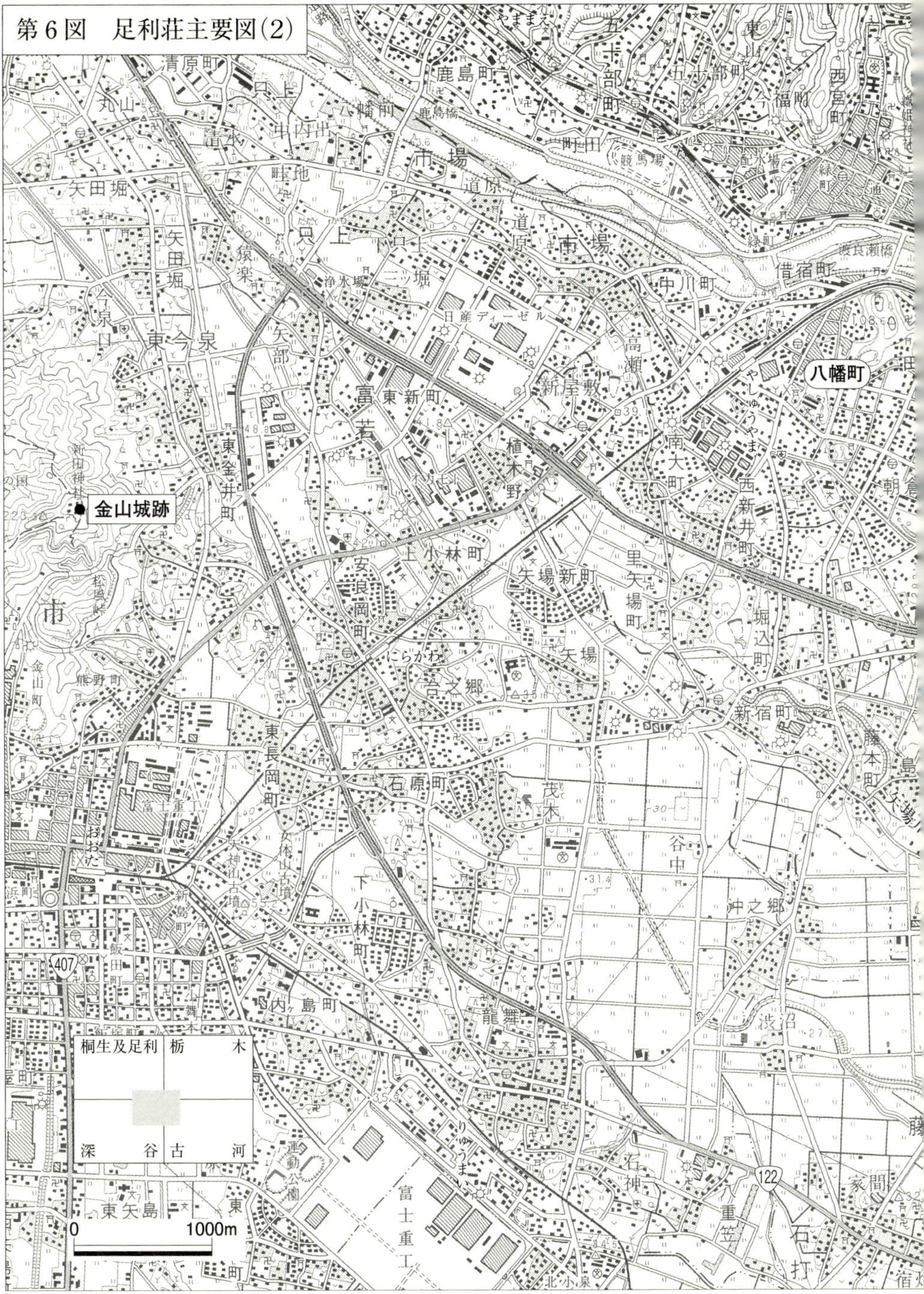

(14・16ページより続く、重複あり)

16　伝北条時子五輪塔（法玄寺）

足利氏と足利荘

足利尊氏・直義の先祖相伝の所領、名字の地である足利荘は『太平記』に直接登場することはほとんどない。鎌倉幕府有力御家人である足利氏は、鎌倉に住居を構え常住し、先祖供養や葬祭などに帰国する以外はもっぱら鎌倉で過ごしたと思われ、その所領経営も家臣に任せきりだったと考えられる。

足利氏の祖義康《よしやす》の妻は、熱田大宮司範忠《あつただいぐうじのりただ》の娘であるが、義兼は源頼朝《みなもとのよりとも》の妻北条政子《ほうじようまさこ》（北条時政の娘）の妹時子《ときこ》を妻とし、その後代々執権《しつけん》北条氏から妻を迎えている。義氏・泰氏、一代飛んで家時も北条氏からである。ところが頼氏は北条氏一門から、貞氏は家臣筋の上杉氏《うえすぎし》から妻を迎えている。尊氏の母は、上杉頼重《よりしげ》の娘であり、妻は北条久時の娘である。このように北条氏と強い縁で結ばれていたが、尊氏の代に近くなると上杉氏との関係が深くなる。

また、その一族も、斯波《しば》（陸奥）、渋川・桃井《もものい》（以上、上野）、畠山（武蔵）、細川・上野・吉良《きら》・一色《いつしき》・今川（以上、三河）、石塔《いしどう》（不明）などの各氏で三河を中心に各地に広がっている。足利荘内での一族は小俣氏《おまたし》・加子《かこ》（加古）氏、家臣では高《こう》一族と木戸《きど》氏・寺岡《てらおか》氏である。

元弘の乱や南北朝内乱期に足利荘は戦乱、あるいは他から横領される

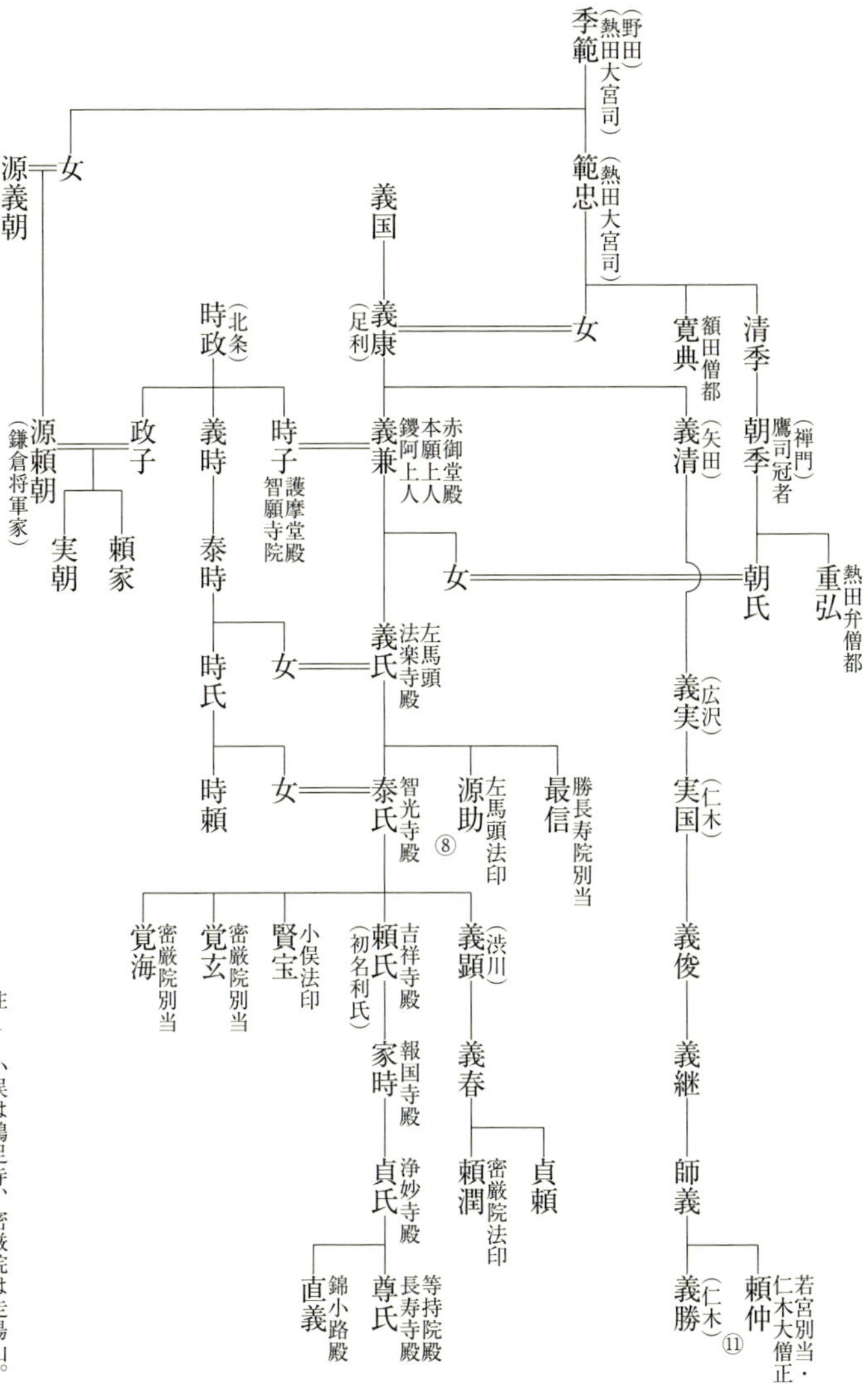

注1　小俣は鶏足寺、密厳院は走湯山。
2　丸算用数字は樺崎寺寺務歴代。

17　足利氏系図（1）

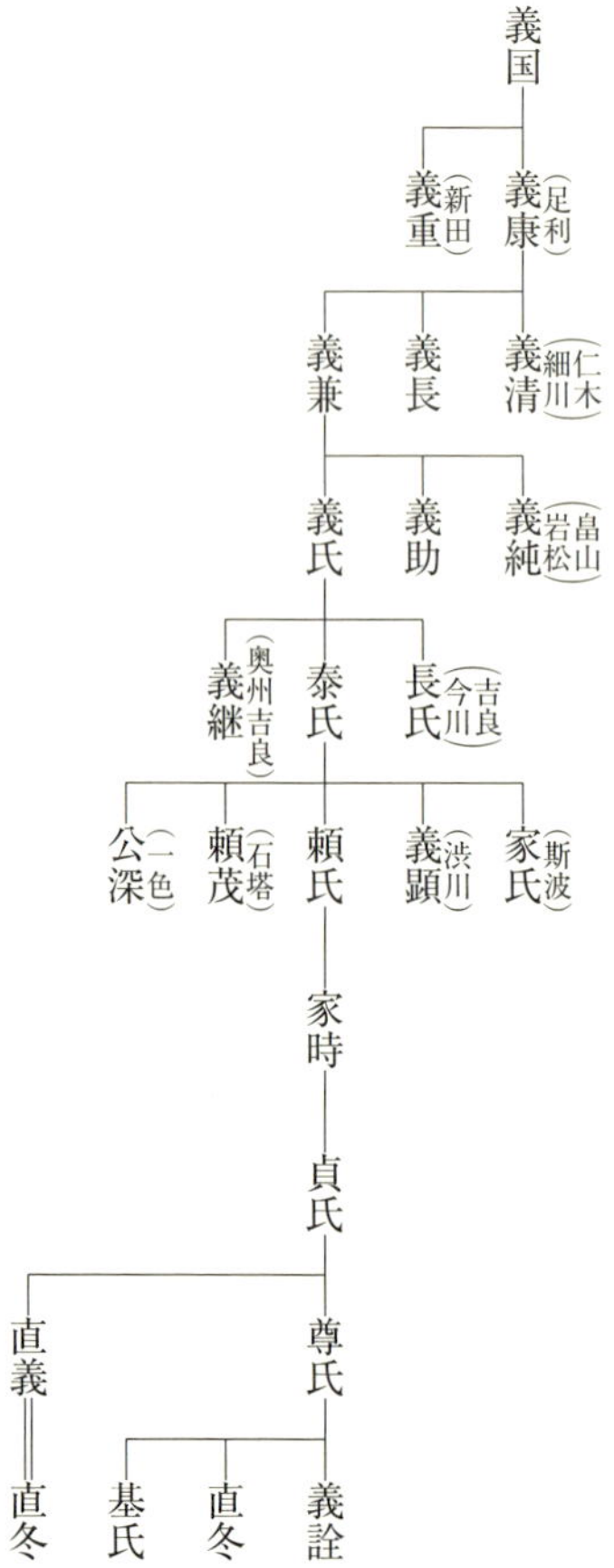

18　足利氏系図（2）

19　鑁阿寺山門

ともなく安定的に知行が確保されていたから、『太平記』の話題に登場することはなかった。その点では在地性が強く、動乱期の変動の激しい新田一族と新田荘との関係とは異なっていた。

足利荘の遺跡

しかし、在地性の弱い足利氏でも、新田荘と同様に多くの重要な遺跡が遺されている。

①足利義兼の館跡である鑁阿寺《ばんなじ》（家富町、国史跡）
②日本最古の学校足利学校（昌平町、国史跡）
③足利氏歴代菩提寺《ぼだいじ》
④足利郡衙跡《ぐんがあと》（伊勢町・寿町）
⑤樺崎寺跡《かばさきでらあと》・樺崎八幡宮（樺崎町、国史跡）

20　山辺八幡宮

⑥足利氏の重臣高氏関係の金蔵院《こんぞういん》・清源寺（名草中町・名草上町）
⑦鶏足寺《けいそくじ》（小俣町）
⑧山辺八幡宮《やまべはちまんぐう》（八幡町）
⑨木戸館跡（館林市木戸）

これらの遺跡について、それぞれの箇所で説明していきたい。

新田・足利両氏の比較

先の新田・足利荘の二つの地図上（第2～6図）に新田・足利の歴史的地名と一族家臣の名字の地をゴチで示し、両氏の系図（6・17）と対照できるようにしてみた。歴然と両氏の土地に対するかかわり方がわかる。新田氏の場合は、一族家臣の名字の地が新田荘内に密集し、在地性が濃厚であるのに反して、足利氏の場合は小俣・加古氏の例外を除いてその他の名字の地が見られない。

足利氏は、暦仁元年（一二三八）義氏の三河国守護、正嘉三年（一二五九）その子泰氏の上総国守護補任以来、三河（仁木《にき》・戸賀崎《とがさき》・細川・荒川・吉良《きら》・今川・一色《いっしき》氏など）へと一族が進出している。そのほか上野（桃《もも》井《い》・渋川氏）をはじめとして全国各地への発展が著しい。それに反して新田氏の場合は、越後魚沼郡地域への新田一族の里見系庶子や、西上野における里見・山名氏などの進出が見られるものの限定されていて、一

現在光得寺に所在．明治維新の神仏分離のとき，樺崎寺の赤御堂は樺崎八幡宮となり，末寺であった光得寺に移された．後列南から．

21　樺崎寺五輪（供養）塔

族・家臣の名字の地は、新田荘内に密集している。

このことは、両者の鎌倉幕府内における地位にも関連し、ともに有力御家人ではあるものの、トップクラスの足利氏に対して新田氏はかなり水をあけられていた存在と考えてよい。

それゆえに足利氏は、常時鎌倉に居住し足利荘の支配は高氏《こうし》や倉持氏《くらもちし》などの代官を派遣して行わせ、先祖祭祀や仏事供養の際には足利氏が下向するような荘園領主的存在であったのに比較して、新田氏は時々鎌倉に赴くことはあっても通常は新田荘内に生活する在地領主であったと思われる。そのことが、このような対照的な状況を出現させたと思われる。

以上、概説はこのくらいにしてこれから読者を歴史の舞台である新田と足利にご案内したいが、その場合地域の特質として一本筋の街道を歩くというようなわけにはいかないので、別個な二つの地域に即して、それぞれのなかで放射状に、あるいは東西・南北に歩いていただかなければならない。

また、本書で示した歩く順序は決まりがあるわけではないし、この地域全体を踏破することには多くの日時が必要である。歩かれる皆さんは、鉄道やバスなども適宜利用して地図に従って自身の計画を立て、自由に歩いていただければ幸いです。

II

新田荘をゆく

22　新田荘中心部を南上空から臨む

下方の大河が利根川．上方の丘陵は，右から金山・八王子丘陵と続き，左に鹿田山が見える．丘陵とその上の山地の間を渡良瀬川が流れている．利根川に架かる橋は国道17号線の新上武大橋で，左の利根川と国道17号線の間の町が長楽寺・総持寺・八坂神社がある世良田町である．

23　太田市立新田荘歴史資料館

一　長楽寺と総持寺――西南部――

新田荘の遺跡が特に集中している世良田地区から歩こう。東武伊勢崎線世良田駅で下車。南に向かって一キロほど行くと、世良田の町に出る。そこに**太田市立新田荘歴史資料館**がある。また、車で来られた方は資料館の駐車場を利用し散策するとよい。

太田市立新田荘歴史資料館　（太田市世良田町）

長楽寺《ちょうらくじ》・東照宮《とうしょうぐう》の南に隣接して建てられた太田市立の資料館で、「長楽寺・東照宮」「新田荘と新田氏」に関する豊富な資料・文化財が展示されている。まずここを訪れて新田氏と新田荘の概要を把握するとよい。

東照宮　（太田市世良田町、国指定）

資料館を見学した後、**東照宮**へ向かう。東照宮は、江戸幕府を開いた

24　東照宮拝殿

25　東照宮鉄灯籠

徳川家康が新田氏の支族世良田・徳川氏の子孫ということで、二代将軍秀忠の代に長楽寺の住持となった天海僧正《てんかいそうじょう》が先祖の由緒地にある世良田郷長楽寺内に日光東照宮を勧請《かんじょう》し、さらに三代将軍家光が長楽寺真言院の跡地の現在地に移建した。寛永十九年（一六四二）銘の後水尾《ごみずのお》天皇の「東照宮」という勅額《ちょくがく》があり、このころに遷宮が行われたらしい。

江戸時代初期のものであるが、本殿・**唐門《からもん》**・**拝殿**・**鉄灯籠**が重要文化財に指定されている。

長楽寺　（太田市世良田町、国指定）

東照宮を内に含んで広大な**長楽寺**の寺域がある。

承久《じょうきゅう》三年（一二二一）に世良田（徳川）義季《よしすえ》を開基に、臨済禅《りんざいぜん》の開祖である栄西《えいさい》の高弟栄朝《えいちょう》を開山として創建された禅《ぜん》・密《みつ》・顕《けん》の三学兼修の寺院である。当時は、本堂・三仏堂《さんぶつどう》・開山堂・経蔵の他に、歴代住持の牌所《はいしょ》として建立された大光庵・正伝庵・**普光庵**・互融《ごゆう》庵・万象庵・正興庵・法幢《ほうとう》庵・龍興庵・大通庵・祥龍庵・霊雲庵・**真言院**などの塔頭《たっちゅう》が並んでいた。第三世院豪《いんごう》の代には修行僧が五〇〇人も常住していたという。

現在はこれらの庵（塔頭）は消滅し、その跡地には東照宮や世良田小学校・歴史資料館などが建てられている。**普光庵跡**の一角には五世**月船《げっせん》**

へ続く)

(91ページへ続く、一部重複あり)

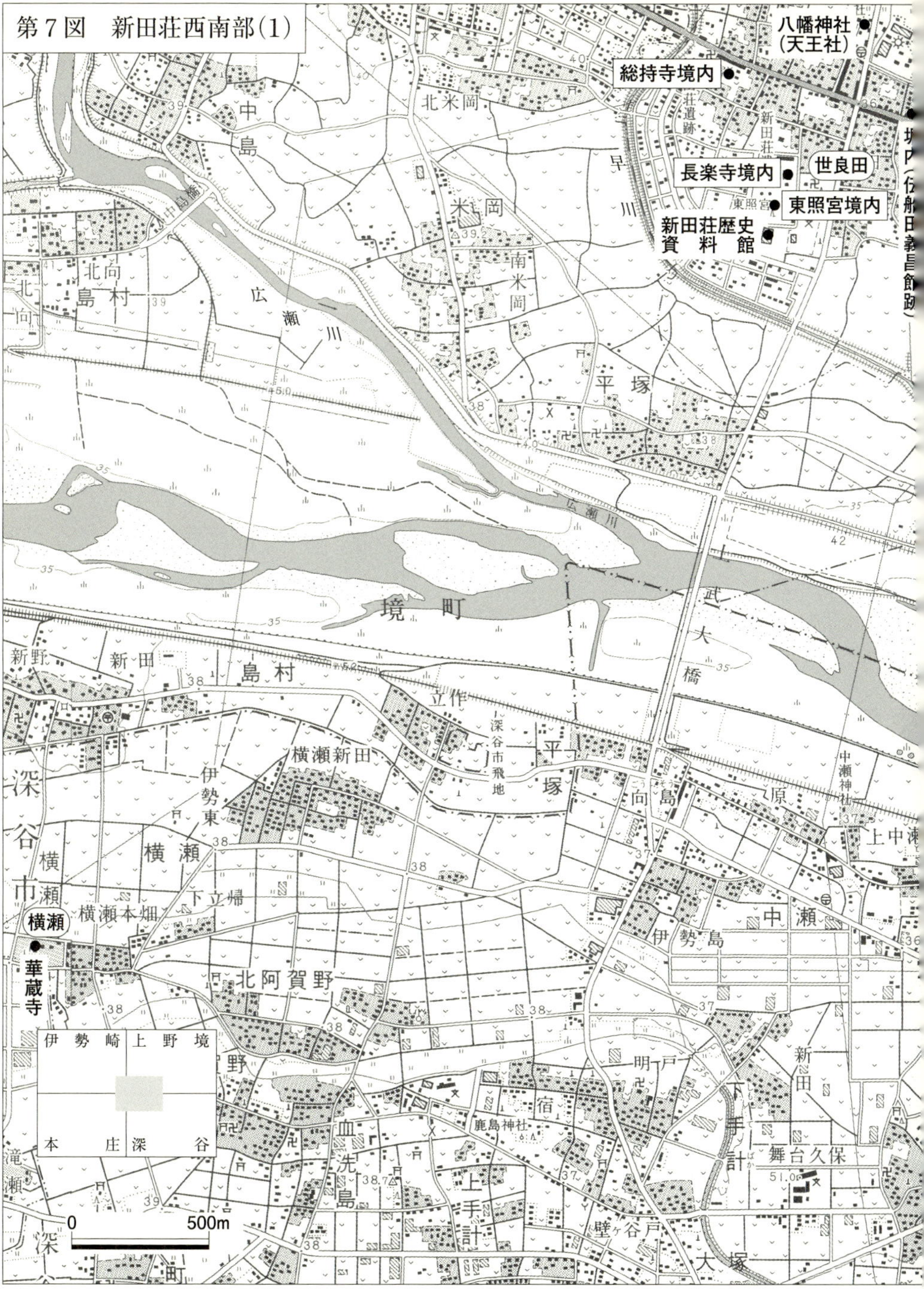
八幡神社
(天王社)
総持寺境内
長楽寺境内
世良田
東照宮境内
新田荘歴史
資料館
横瀬
華蔵寺
新田荘遺跡
北米岡
中島
早川
米岡
南米岡
北向
北向島村
広瀬川
平塚
境町
武大橋
新野
新田
島村
立作
深谷市飛地
横瀬新田
伊勢東
深谷市
横瀬
下立帰
横瀬本畑
向島
原
中瀬神社
上中瀬
中瀬
伊勢島
北阿賀野
明戸
宿
鹿島神社
血洗島
上手計
下手計
舞台久保
新田
壁ヶ谷戸
大塚
滝瀬
伊勢崎
上野境
本庄
深谷
0
500m
第7図　新田荘西南部(1)

(67ページへ続く、重複あり)

(66ページへ続く)

(91ページへ続く)

より続く)

第8図　新田荘西南図(2)

(38~39・67ページ

26　東照宮唐門

琛海《しんかい》（**法照禅師**《ほっしょうぜんじ》）の**墓所**があり、これは発掘調査されて墓碑銘と古瀬戸の骨壺を出土している。近くに真言院の**灌頂井戸**《かんじょういど》も見られる。

本堂南の小高い岡の文殊山《もんじゅやま》には、開基**世良田**（徳川）**義季の墓**と伝えられる宝篋印塔《ほうきょういんとう》や歴代住持の無縫塔《むほうとう》・宝塔《ほうとう》（赤城塔という形式）が立ち並んでいる。宝塔の石材は大間々扇状地扇頂部にある天神山《てんじんやま》から産出された凝灰岩《ぎょうかいがん》（後述）である。その中に第三代一翁院豪《いちおういんごう》の建治《けんじ》二年（一二七六）の造立年を示す銘文を底部に持つ宝塔（重要文化財）も立っている。

文殊山の西には、開山堂があり、開山栄朝《えいちょう》の銘を刻んだ大きな球形の**無縫塔**が安置されている。開山堂の額は寛政改革《かんせいかいかく》の老中松平定信《まつだいらさだのぶ》の筆。開山堂の西には新田一族の**岩松氏歴代の近世の墓石**が立ち並ぶ墓所があり、近年国史跡新田荘遺跡に追加指定された。

なお、現存する江戸時代の建造物である勅使門・**三仏堂**・**太鼓門**は県の文化財に指定されている。

総持寺

（太田市世良田町、国指定）

東照宮・長楽寺を後に、北の国道三五四号線に出て三〇〇メートルほど西に行くと**総持寺**《そうじじ》がある。別名「館ノ坊《やかたのぼう》」といい、南北朝時代正平年間に足利小俣鶏足寺《おまたけいそくじ》の慶範・慶賢によって建立された寺である。西の**早川**を背にし、三方を堀に囲まれた二町（約二〇〇メートル）四方の規模

27 長 楽 寺

28 普 光 庵 跡（上）

29 月船琛海の墓所（左上）

30 真言院井戸

32　文殊山の伝世良田義季の墓（左から2番目の宝篋印塔）と一翁院豪の墓（左から4番目の宝塔）

石塔には，層塔・五輪塔（ごりんとう）・無縫塔（むほうとう）・宝塔（ほうとう）・宝篋印塔（ほうきょいんとう）・板碑（いたび）などがある．宝塔は円形の塔身に方形の屋根を懸けた一層塔である．宝篋印塔は宝篋印陀羅尼経を納めたことに由来するが，鎌倉中期以降に墓碑・追善塔として建立されるようになった．

31　文殊山の伝世良田氏歴代の墓

33　開山栄朝の無縫塔

無縫塔も石塔の一種で，塔身が一つの石で造られ，縫い目がないことからこう呼ばれるが，主に僧侶の墓塔として建てられた．

34　近世の岩松氏の墓

35　三　仏　堂

36　蓮池と渡月橋

37　太　鼓　門

38 総持寺

を有する寺で、鎌倉時代の館跡が寺となった「館寺《やかたでら》」と考えられる。伝承では、新田義貞館説があるが、世良田に立地されていることから世良田義季以来の世良田氏の館と考えられる。一三世紀中葉に活躍し幕府から処分を受けて引退した新田政義にかわって新田氏の惣領職《そうりょうしき》を獲得した世良田頼氏の館と推定される。頼氏は、文永元年（一二六四）に政治的事件に縁坐して佐渡に流罪になっている（既述）。その館は替わって惣領職に返り咲いた新田氏が一時的に管理していた可能性はある。

普門寺　（太田市世良田町）

普門寺《ふもんじ》は長楽寺の東に立地し、寛弘《かんこう》年中（一〇〇四〜一二）の建立と伝える天台系寺院。如意山《にょいさん》円頓法戒院《えんどんほうかいいん》普門寺《ふもんじ》といい、南北朝期に三部伝法秘密灌頂などが行われ関東天台の重要な地歩を占めていたという。度重なる火災で史料や境内八幡宮などは焼失している。寛永年中（一六二四〜四四）に天海によって長楽寺の末寺に編入され、境内にあった岩松家の墓所は長楽寺内に移建された。

八坂神社（天王社）　（太田市世良田町）

八坂神社は長楽寺の北にあり、牛頭天王《ごずてんのう》を祀る。京都祇園社《ぎおんしゃ》からの勧請の時期は明らかでないが、永禄八年（一五六五）の「長楽寺永禄日《えいろくにっ》

39　総持寺本堂（右上）

40　総持寺の裏を流れる早川（上）

41　普　門　寺

42　八坂神社拝殿

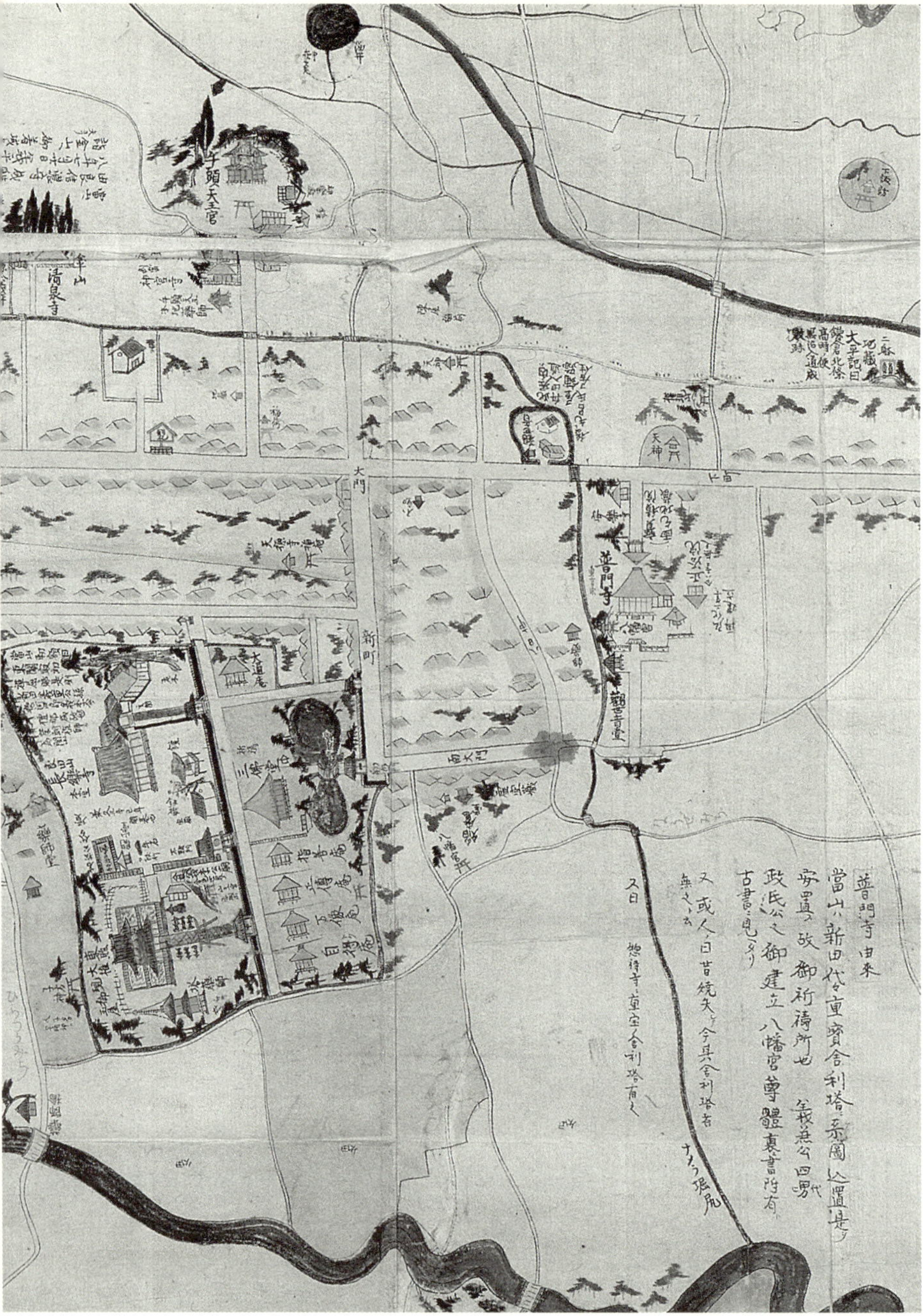

〔1845〕，太田市尾島町，粕川成一氏蔵）

頭天王宮），東に普門寺が描かれている．長楽寺内に東照宮や三仏堂その他の塔頭が見られる．

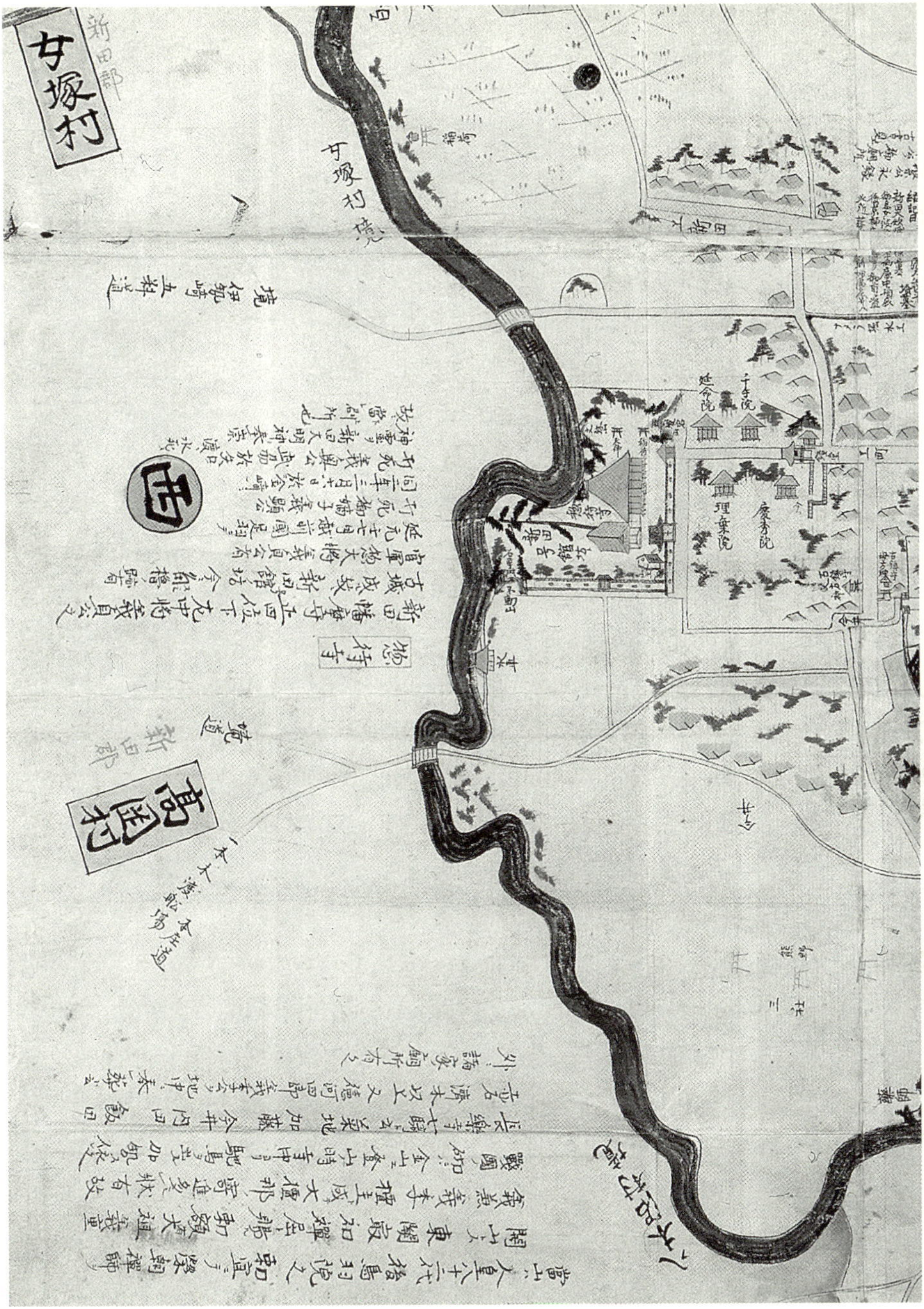

43　世良田村絵図（弘化2年

西・南を流れる早川と，北・東を流れるナメラ堀に囲まれた長楽寺と総持寺，北に八坂神社（牛

44　堀内（伝船田義昌館跡）

記《き》」には天王祭の記録があり、それ以前の中世に勧請されていたことは明らかで、世良田宿の中心祭祀であった。

足利千寿王が世良田で第二次の蜂起を果したのは、先述のようにこの八坂神社ではないかと思われる。

世良田宿と市（太田市世良田町）

ここで、中世の市が開かれていた世良田宿に触れておこう。「世良田には有徳《うとく》の者多しとて」と『太平記』にあることは既に触れたが、経済的に裕福な者が多く居住していたと思われる。

総持寺の門前から東に二〇〇メートルが上町、**堀内《ほりのうち》（伝船田義昌館跡）**を直角に折れて南に通る下町と合わせて世良田宿の通りで、八坂神社はこの上町の北に位置し、普門寺は下町通りに位置した。中世ではこの近くに上町に六日市、下町に四日市という定期市があった。いずれも街路に面して商工業者の店舗が立ち並んでいた。

堀内（伝船田義昌館跡）（太田市世良田町）

堀内は、世良田宿通りの屈曲点に位置し、世良田を管理する船田義昌館であったという伝承を持ち、戦国時代には太田金山城の由良氏家臣大沢氏の館があった。

45　二体地蔵塚

江戸時代には『上野国志《こうずけこくし》』の著者毛呂権蔵《もろごんぞう》が居住していた。子孫の毛呂真は明治十八年（一八八五）にここに環水堂義塾を創設して漢籍を講義した。ここはちょうど世良田宿を東西・南北に見通す格好の位置にあり、鎌倉末期にこの宿を管轄する役を担った船田義昌が館を構えたという伝承は信憑性があると思われる。

二体地蔵塚（太田市世良田町）

世良田宿の東のはずれの古墳（古墳時代後期の円墳、**二体地蔵塚**）の上に二体の石の地蔵（近世の石造物）が立っている。これは先に触れた有徳銭徴収のために世良田に入部し、新田義貞によって処刑された紀出雲介親《きのいずものすけちか》連《つら》と黒沼彦四郎《くろぬまひこしろう》入道《にゅうどう》を葬り供養したものという。『太平記』では、黒沼は処刑されたが、出雲介は助命されている。この場所は、**世良田村絵図**によれば、「磔場《はりつけば》」と記され中世以来の刑場であったと考えられる。

西今井館跡（伊勢崎市境西今井）

世良田地域から少し離れるが、時間が許せば**西今井《にしいまい》館《やかた》跡《あと》**を尋ねよう。場所は東武伊勢崎線境町駅から北西に一・五キロの位置に当たる。

この西今井集落の中心部に故茂木吉一氏の屋敷がある。この屋敷は**西**

47　西今井館跡

46　西今井屋敷図
(伊勢崎市境西今井，茂木吉一氏蔵より，著者作図)

49　安成寺薬師堂

48　安 成 寺

50 来 迎 寺

51 来迎寺の仏頭

今井屋敷図（江戸時代成立）のよう堀に囲まれたほぼ一町規模の方形館で、南に門（虎口《こぐち》）が開かれ、屋敷南に正面通路を中心に住宅が建ち並んでいて集落を形成している。北には館の守護神として天神社が祀られている。武士の屋敷を中心にその前面に家臣・百姓屋敷がある土豪集落の景観を示している。矢嶋境を南に流れ下る早川が大きく曲がりこんで「しつへい林」を囲んで北上する屈曲点に立地し、ここから堰を設けて館の東堀を流れ下って南の水田（門田《もんでん》）に灌漑するようになっている。この地は中世では上今井郷といわれ、新田一族の今井氏の館跡と推定される。この館跡の堀は惜しいことに旧境町のごみ処理の埋め立てによって埋没されて現在は消失してしまっている。

花香塚郷と安成寺 （太田市新田花香塚町）

新田荘と渕名荘《ふちなのしょう》の「境目《さいめ》」（境界）に位置する花香塚郷《はなかづかごう》は新田荘に属したり、渕名荘に属したり時期によってその支配者が交代していた。「花香」という美しい名の起源は仏教と深く関係していると思われ、この郷は中世では寺院所領であった。観応《かんのう》三年（一三五二）郷の半分は伊豆走湯山《そうとうさん》の造営料所に寄進され、他の半分の実相院方は、貞治《じょうじ》二年（一三六三）に榛名山満行権現《はるなさんまんぎょうごんげん》（頼印僧正）に寄進されている（「相州文書」）。この地に明治維新まで安楽寺と願成寺という二つの真言宗寺院が並存し

52　来迎寺墓所

53　来迎寺墓所の宝篋印塔

ていたが、この時点で願成寺の寺地に合併し、寺名を合成して**安成寺**《あんじょうじ》という寺になった。この寺の**薬師堂**には、室町時代初期と推定される凝灰岩製阿弥陀如来《あみだにょらい》の石仏（像高三一センチ）があり、周辺から文保《ぶんぽう》二年（一三一八）をはじめとする鎌倉南北朝期の板碑《いたび》が多く出土し、仏教の霊地を形成していたことが知られる。

中江田来迎寺

（太田市新田中江田町）

東武伊勢崎線世良田駅の北一キロの地に現在の寺（天台宗普門寺末寺）があるが、中世では世良田駅の東北東七〇〇メートルの台地の先端部に立地しており、現在ここは**来迎寺**《らいごうじ》**の墓所**となっている。またこれに接して、十二塚《じゅうにづか》といわれる墓所もある。来迎寺には南北朝期と推定される大きな如来系の仏頭があり、来迎寺の丈六《じょうろく》の**木造本尊仏**（阿弥陀如来）の頭部だけが残されたものと思われる。旧来迎寺墓所には、応安《おうあん》三年（一三七〇）の**宝篋印塔**《ほうきょういんとう》や板碑などがある。この宝篋印塔は、徳悦・道海などの僧侶、法名・俗名の男女合わせて一八人の結衆《けちしゅう》によって造立されたものである。ほかに、十二塚の墓地からは、鎌倉末—南北朝期の板碑八基が出土している。

徳川館跡

（太田市徳川町）

54　満徳寺遺跡（復元本堂）

世良田宿に戻り中世の市を想い描きながら、世良田氏の庶流徳川氏の居館に向かおう。世良田宿から一・五キロほど南東に位置する。近世の縁切り寺で有名な**満徳寺**《まんとくじ》（復元本堂）が館跡に接して建てられている。

新田義重の末子義季は、徳川・世良田などの「こかん（空閑）の郷々」（長楽寺文書）を譲られ、当初徳川（「得川」とも記される）に居館を構えた。その嫡流は世良田氏となり、徳川氏はその庶家となった。この地は**徳川館跡**と推定され、北側に**土塁**の一部が残り、近辺に鎌倉期の**宝塔**一基（伝新田義重の墓）と塔の基礎（五輪塔《ごりんとう》）が遺され、各塔の下から瀬戸焼の灰釉陶器《かいゆうとうき》が出土し火葬骨が入っていた（太田市所蔵）。後に江戸幕府をつくった松平氏が、この地を先祖の地と見立てて徳川氏と改称し、世良田長楽寺内に**東照宮**が建てられたが、後に徳川村にも東照宮が勧請されている。

なお、満徳寺は徳川秀忠の娘千姫ゆかりの寺で、鎌倉の東慶寺《とうけいじ》とともに駆け込み寺として知られ、県の史跡に指定されている。

大館館跡（太田市大舘町）

新田荘東南部、中世の大館郷《おおだちごう》は利根川に接しており、大館氏は新田一族の有力庶家としてその地歩を誇った。大館宗氏《おおだちむねうじ》は義貞の鎌倉攻めの際に討死したが、その一族は室町時代に幕府政所《まんどころ》の執事《しつじ》となって活躍し

55　伝新田義重の墓（宝塔）

56　徳川東照宮

57　大 館 館 跡

五輪塔は石塔の一種で，塔形は一切衆生を救済する大日如来の三昧耶形（さんまいやぎょう）という．5つの部分からなり，下から地輪（方）・水輪（円）・火輪（三角）・風輪（半月）・空輪（宝珠）と積み上げられ，本来追善の供養塔であったが室町時代以降には墓標として多く造られた．

58　勾当内侍の墓と新田義貞の首塚と伝えられる五輪塔

た。出身の在所の大館郷は、その後も保持していた。現地では、約一・五町（一五〇メートル）四方と推定される**方形館跡**が認められ、内部に鎌倉時代の宝篋印塔がある。

花見塚（別名柊塚）・勾当内侍伝承地　（太田市武蔵島町）

満徳寺から東へ二・五キロほど行くと、花見塚《はなみづか》と呼ばれる五基の五輪塔があり、その内の一つは**勾当内侍**《こうとうのないし》**の墓**という伝承がある。

勾当内侍は、天皇に仕える女官（内侍司《ないじし》）の上位者の称で、名は不明であるが、藤原経尹《つねただ》の娘、その子行房の妹に「女子　後醍醐院勾当内侍、新田義貞朝臣室」（『尊卑分脈《そんぴぶんみゃく》』）とあり、実在の人物である。内侍は後醍醐天皇の寵愛を受けた後、その了承のもとに義貞の妻となった絶世の美女という。『太平記』（巻二〇「義貞の首獄門に懸る事、勾当内侍の事」）は、

中将（義貞）はこの幾年を恋ひしのんで相逢ふ今の心の中、優曇花《うどんげ》の春まちえたる心地して、珊瑚《さんご》の木の上に陽台《ようだい》の夢長くさめ、連理《れんり》の枝のほとりに、驪山《りさん》の花おのづからこまやかなり。あやなく迷ふ心の道、いさめる人もなかりしかば、去んぬる建武のすゑに、朝敵西海の波に漂《ただよ》ひし時も、中将この内侍にしばしの別れを悲しみて、征路にとどこほり、後に山門臨幸《さんもんりんこう》の時、寄手《よせて》大嶽《おおだけ》より追ひ落されて、そのまま寄せば、京をも落さんとせしかども、中将この内侍に迷う

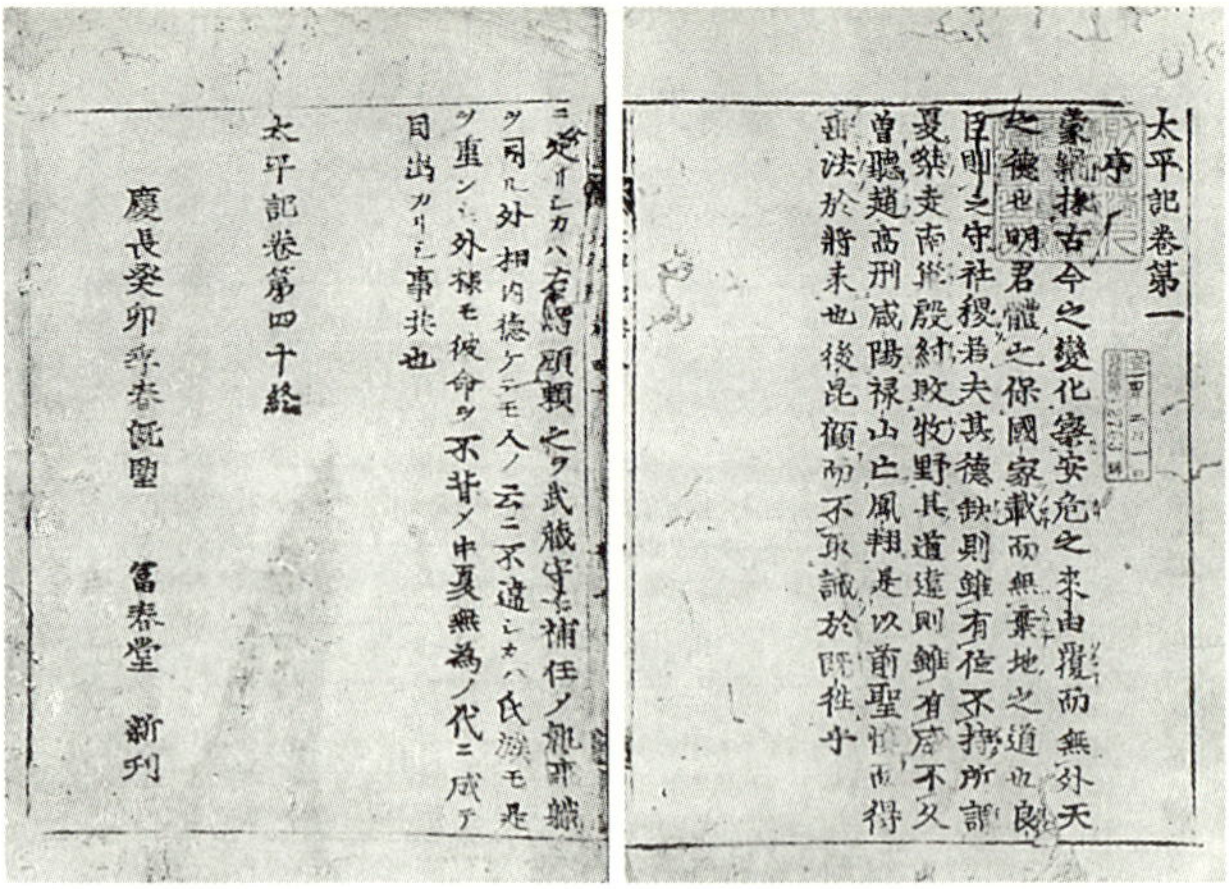

59　太　平　記（巻頭・巻尾，古活字版慶長15年刊）

て、勝つに乗り疲れをせむる戦ひを事とせず。そのつひえはたして敵のために国を奪はれたり。まことに「一たび笑《ゑ》んでよく国を傾く」と、古人のこれをいましめしもことわりなりとぞ覚えたる。中将坂本（近江国）より北国へ落ちたまひし時は、路地の難儀を顧みて、この内侍をば今堅田《いまかただ》といふ所にぞ留め置かれたりける。かからぬ時の別れだに、行くには後を顧みて、頭《こうべ》を家山《かさん》の雲に回らし、留まるは末を思ひやりて、涙を天涯《てんがい》の雨に添ふ。いはんや中将は行く末とてもたのみなき北狄《ほくてき》の国におもむきたまへば、生きて再びめぐりあはん後の契りもいさ知らず。

と、義貞が愛妾勾当内侍の愛におぼれて、比叡山麓の戦いや播磨攻めの勝機を逃したという評価になっている。

義貞は、建武五年（一三三八）閏七月二日、越前国藤島の燈明寺《とうみようじ》畷《なわて》において斯波高経《しばたかつね》軍と戦い不慮の戦死を遂げてしまう。この時の経緯は、藤島城に斯波方の平泉寺《へいせんじ》衆徒《しゆうと》が立て籠もっており、新田軍はこれを包囲し攻撃していた。義貞はここに五〇騎を率いて駆けつける途中、敵の細川出羽守・鹿草《かくさ》彦太郎の軍三〇〇騎と遭遇し、歩射隊に乱射され深田の中に追い落とされ、流れ矢に当たり、倒れ自害した。『太平記』（巻二〇「義貞自害の事」）は、その最期《さいご》について、

この人君の股肱《ここう》として、武将の位に備はりしかば、身を慎み命を全

60　花見塚神社

うしてこそ、大儀の功を致さるべかりしに、みづからさしもなき戦場に赴いて、匹夫《ひっぷ》の鏃《やじり》に命を止めし事、運のきはめとは言ひながら、うたてかりし事どもなり。

と義貞の軽率さを批判的に記しているが、鎌倉幕府を討滅した名将であり、私は藤島の偶発的な事件による突然の戦死で人物評価をするのは酷ではないかと思う。

勾当内侍は、越前へ下った義貞が三年待って戻らず、慕情やみがたく越前に向かうが、その途中で義貞の死を伝えられる。

内侍は、義貞の突然の死を悲しみ追慕した。その姿を『太平記』は延々と叙述して物語を盛り上げているのである。これは、義貞の突然の戦死で、物語としての恰好がつかないことをカバーするため、『太平記』作者はこの勾当内侍の物語を延々と記して、読者（聴者）の興味をつなぎ留めたのである。

内侍が新田荘に葬られた事実はないが、『太平記』が中世・近世の多くの人に読まれていく中で、新田荘に連れてきて義貞の近くで供養しようとする気持ちがこの地の五基の五輪塔を内侍とし、そこに内侍のあでやかな姿を連想するツツジの銘木を植えさせたという。そのほか勾当内侍伝承地は新田荘に数か所ある。このツツジの一部は、江戸時代に館林《たてばやし》に移植され現在の県立つつじが岡公園（館林市花山町）の元になったという。傍らに**花見塚神社**と勾当内侍遺墳碑（昭和三年建立）がある。

明王院

（太田市安養寺町、国指定）

さて、花見塚・勾当内侍伝承地をあとに、北西へ一・五キロほど行くと、国道三五四線と国道一七号線が交差する付近に**明王院**《みょうおういん》がある。

ここには、中世・近世において安養寺という大きな寺院があり、明王院（大坊）を中心に西に天神坊・薬師坊・月輪坊（稲荷大明神）・満重坊・荒神坊、東に地蔵坊・東照坊・正林坊・観音坊・月輪坊（稲荷大明神、西にもある）などの一二坊が囲み（地図上では一〇坊）、南の大門西には寺屋敷が設置されていた（明王院所蔵絵図）。近代では寺名の安養寺は旧尾島町の大字名となっている。この安養寺は新田義貞の法号で、義貞の没後に足利尊氏が新田岩松頼宥《らいゆう》に勲功の賞として「木崎村安養寺義貞跡」を与えている（「長楽寺文書」）。ほかに尊氏は義貞の菩提《ぼだい》を弔《とむら》うために新田荘八木沼郷を長楽寺に寄進していることなどから（同上）、安養寺は、尊氏の意を受けた頼宥が義貞菩提を弔うために建立したと考えられる。

この明王院の西南の一角を貫通して上武国道一七号線の開通のために一九八八年に事前発掘調査が行われ（『安養寺森西遺跡発掘調査報告書』）、寺屋敷・大門の部分で鎌倉・南北朝期の遺跡・遺物を多く確認している。その際、明王院の西南の一角の直角に曲がる大きな堀跡の一部を調査し

61　明王院参道

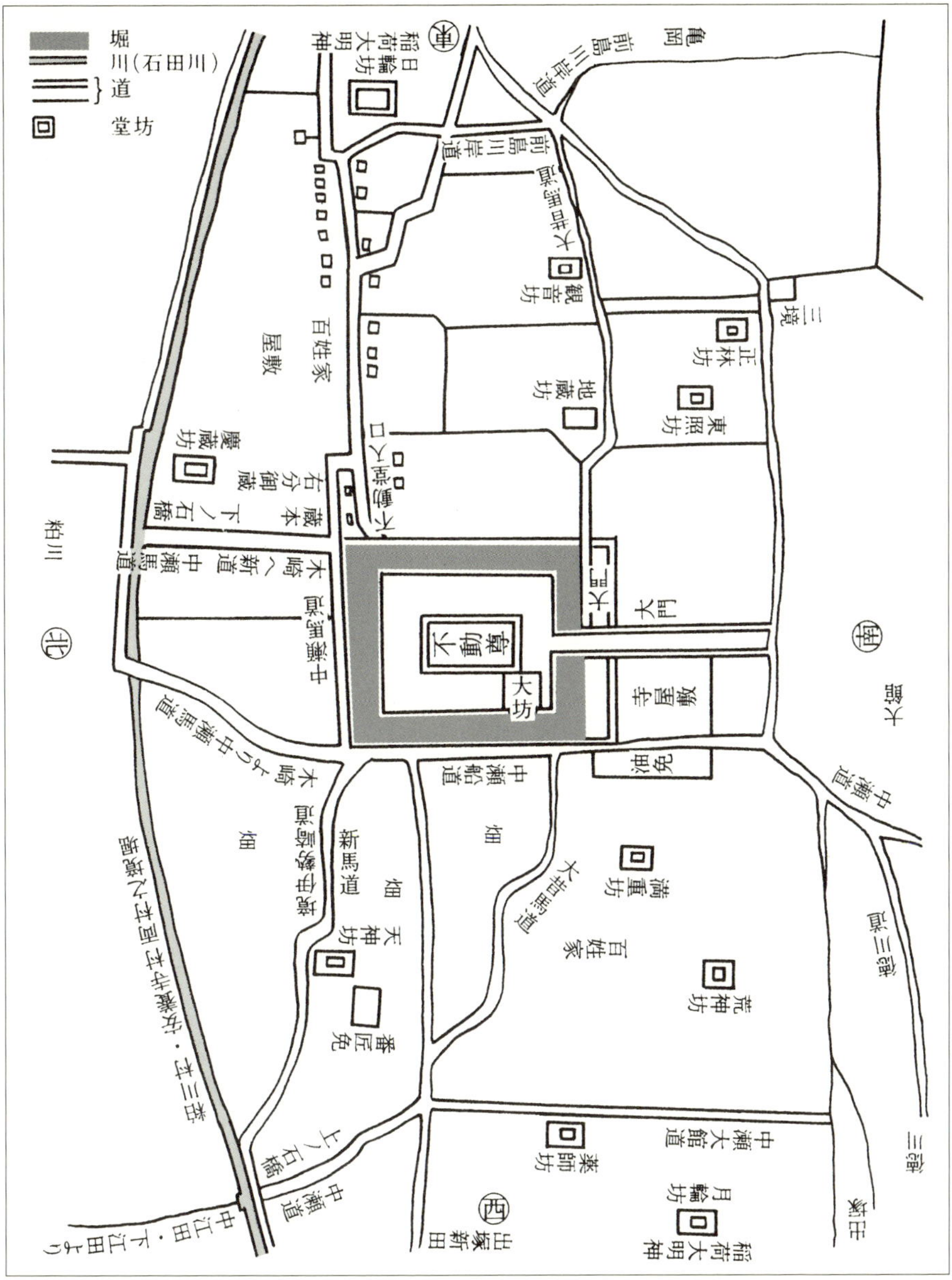

62　安養寺村絵図（太田市安養寺町，明王院蔵，著者作図）

63　明王院航空写真

64　明王院本堂

65　明王院五輪塔群

板碑は，平板石を用い上部を三角形に造るものが多く，板石塔婆ともいう．近親の供養，自身の生前供養（逆修，ぎゃくしゅ）として在地領主が造立し，15世紀以降は有力農民の供養塔が多くなる．

66　脇屋義助の供養板碑と拓本

67　明王院薬師如来像

ている。境内には、推定南北朝期の大型**五輪塔**数基（保存状態が悪い）が立ち並び、またこの境内地から出土したという「康永《こうえい》元年壬午六月五日前刑部卿《さきのぎょうぶのきょう》源義助《みなもとのよしすけ》生年四十二逝去」と刻まれた義貞の弟**脇屋義助の供養板碑**が保存されている。

明王院の堂内には、義貞蜂起の際に越後方面の新田一族に軍勢催促に触れ回ったという「新田触不動《にったふれふどう》」の伝説を持つ不動明王（『太平記』巻一〇「天狗山伏の触れ」）やかつて薬師堂にあったという**薬師如来像**《やくしにょらいぞう》（ともに鎌倉末・南北朝期の作）が安置されている。

以上のことから、明王院は鎌倉時代末期の約方二町（二〇〇メートル四方）の規模を有する義貞館が寺に転化した「館寺《やかたでら》」と考えられる。この地は、世良田宿から約二・五キロと近く、『太平記』に執権北条高時の家臣が有徳銭徴収に世良田に入部した際、「我館《わがたち》の辺《へん》を雑人《ぞうにん》の馬蹄《うまのひずめ》に懸けさせつる事こそ返々無念なれ」（巻一〇）と述べたということと符合する。この寺が立地する字「呑嶺《どんれい》」は、中世では寺の異称として用いられた用語である。

利根川南の新田荘（深谷市横瀬・高島・石塚）

利根川の変流や河道の変更などによって、現在は利根川南、埼玉県深谷市域になった新田荘の郷がある。西から横瀬《よこぜ》・高島・石塚などである。

68　深谷市高島付近の利根川土手より金山方面を臨む

69　華蔵寺大日堂

70　華蔵寺の五輪塔

このうち横瀬は、武蔵七党《むさししちとう》の猪俣党《いのまたとう》の横瀬氏の本拠地で、この横瀬氏は南北朝時代に新田岩松氏の家臣として頭角を現し、戦国時代には下剋上《げこくじょう》で新田荘の支配権を握り、由良氏《ゆらし》と改称して金山城主《かなやまじょうしゅ》になり戦国の争覇の中で大活躍した。横瀬には横瀬（由良）氏菩提寺の真言宗**華蔵寺**《けぞうじ》がある。

二　新田嫡流ゆかりの地を尋ねる——中央部——

71　江田館跡航空写真

今回は、義貞のゆかりの地である新田荘の中央部を歩くこととしよう。

江田館跡（太田市新田上江田町、国史跡）

世良田駅から北へ約二・七キロに**江田**《えだ》**館跡**《やかたあと》がある。自然河川石田川の東岸に構築された、新田一族の江田氏の館跡である。鎌倉攻めに従軍した江田行義の館と伝えられている。

当初は堀・土塁《どるい》で囲まれた方形館であったものが戦国時代に後に述べる反町館跡同様に縄張りを拡張し、東西の堀・土塁を入れて金山城の支城として城郭化した。「館城《やかたじろ》」の典型例である。

東田遺跡（太田市新田上江田町）

この遺跡は、上江田町字東田にあり、江田館跡の東約五〇〇メートル、小河川大川の西岸に立地している。ここで発掘調査が行われ（担当者須

(99ページへ続く、重複あり)

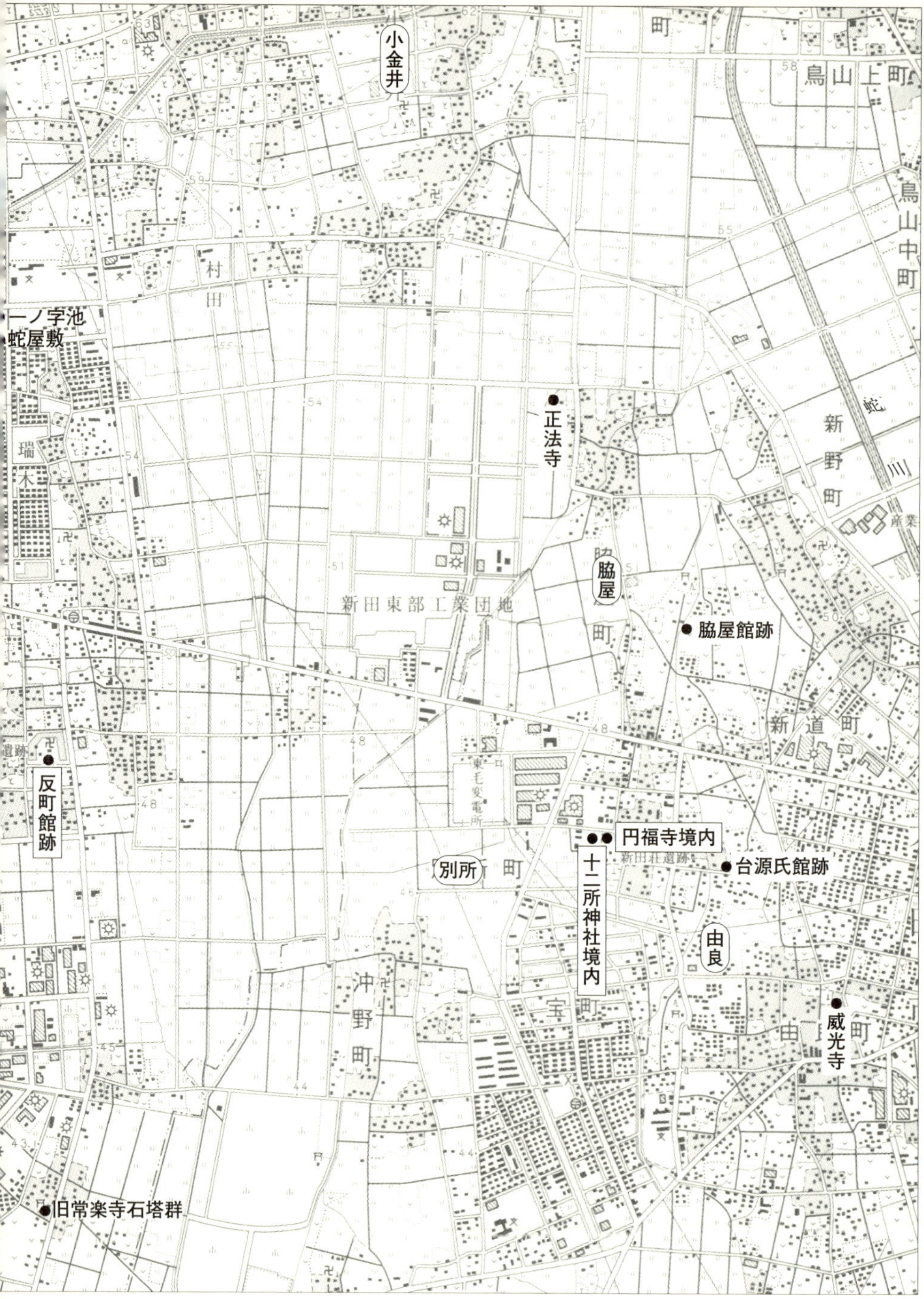

第9図　新田荘中央部

（41ページより続く、重複あり）

（40ページより続く、重複あり）

72　江田館跡の堀と土塁

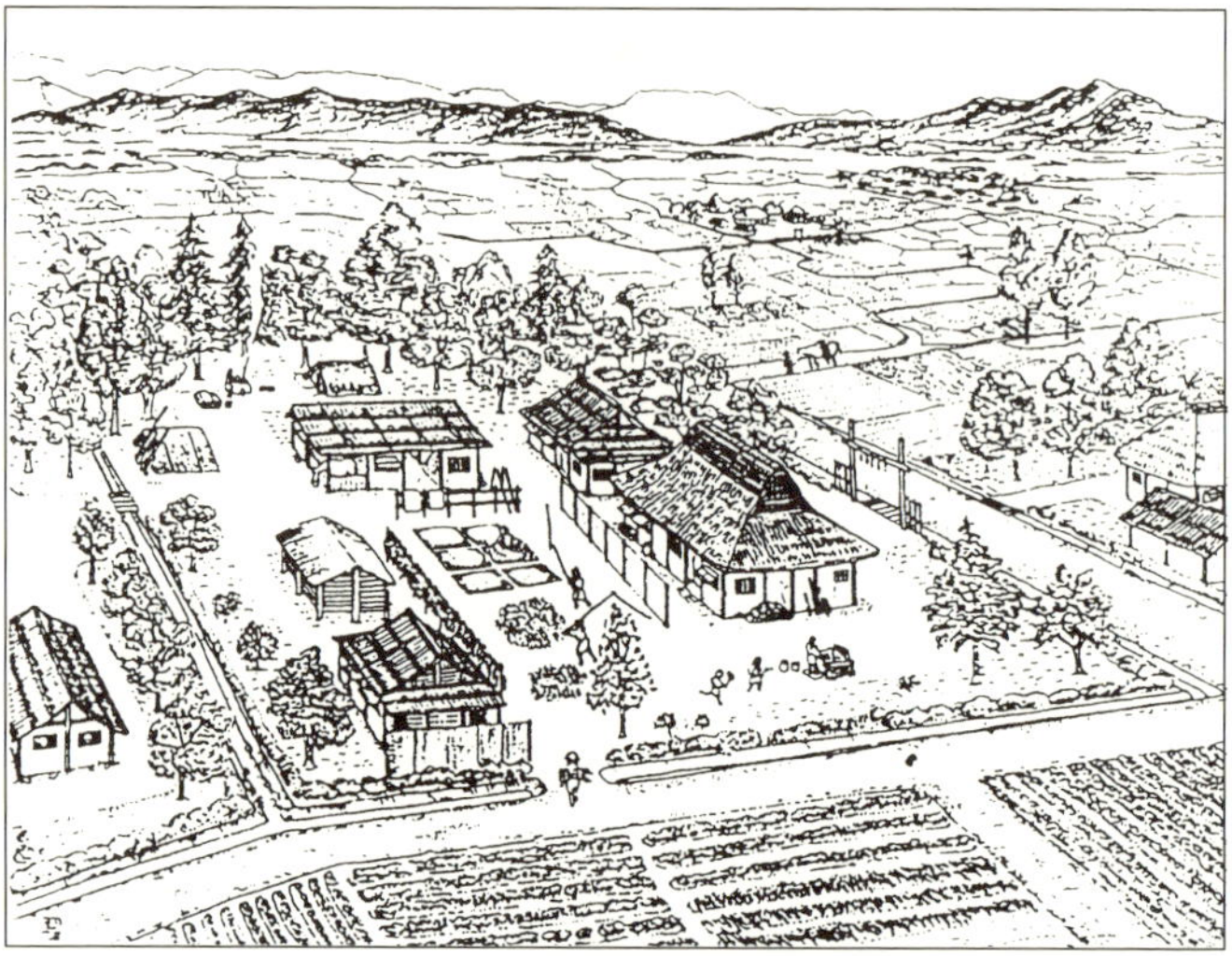

73　有力農民の屋敷復元図（飯塚聡氏画）

太田市新田上江田町で発掘された東田遺跡の実測図をもとに復元した有力農民（在家）の屋敷想定図.

74　矢太神水源

75　重殿水源

田茂氏）、北の低地帯に接して、東・南・西の堀に囲まれた東西四二メートル、南北三八メートルの方形の屋敷（内部の建物群・井戸・馬小屋など）を発掘した。出土遺物の年代から一四～一五世紀前半に存在することが確認され、中世の有力在家農民の屋敷とされた。これによって南北朝・室町時代の農民の生活を想像することができる。

矢太神水源と重殿水源

（太田市新田大根町・新田市野井町、国史跡）

東武伊勢崎線世良田駅から北へ五キロ、石田川の源流となっている**矢《や》太神《だいじん》水源**、その北東一キロに大川の源流となっている**重殿《じゅうどの》水源**がある。ともに大間々扇状地の扇端部分に立地する湧水池（井）で、その東西にも木枠を方形に組んだ丸い池が各地に見られたが、近代になって、西方から灌漑用水路である大正用水や群馬用水の開削、あるいはこの地域における著しい都市化の波の中で利用価値を失い消失している。

矢大神は神社の随神門に置かれた右（神から見て）の守護神で、左の守護神は左大神である。この湧水が矢太神と言われる理由は明らかでないが、生品神社の西南に位置していることから名付けられたのかもしれない。現在でも林に囲まれた豊かな湧水であり、南に流れ下っている。ほたるの里公園として市民の憩いの場となっている。

重殿は、工場に囲まれた一角に存在しコンクリートで固められた長方

76　綿打館土塁跡

形の用水池として目立たない存在となっている。その名は新田荘の開祖新田義重に因んだものと伝承されているが、各地に「重殿」「増殿」「充殿」などと称される湧水があり、「ずーどの」とか「じゅーどの」と呼ばれている。これらは「水殿《みずどの》」（水神を祀った祠）から転訛してきたものと考えられる。現在は、池の北面に水神が祀られている。かつては豊富な湧水量を誇り、新田荘の重要水源となっていたが、現在ではその機能をほとんど失っている。

この重殿湧水は、中世では新田荘一井郷（現在地名「市野井」）に属し、鎌倉末期の元亨《げんこう》二年（一三二二）十月に、この地域の一井郷の領主大館宗氏と下流域の田島郷領主岩松政経との間で、新田一族間の用水相論が起こり、先例のように大館宗氏に用水を引き通せ、という命令を鎌倉幕府が下している（「正木文書」）。

このほか、市野井地域には、生品中学校南やそのほかの地に多くの湧水があったが、戦後に大正用水・群馬用水などの灌漑用水の整備が進み、また近年都市化の動向によって住宅開発が進み、湧水の持つ利用価値が減少して消滅するものが多くなっている。

綿打館と大慶寺（太田市新田大根町）

現在は新田大根《おおね》町の旧小字名になっている綿打《わたうち》は、中世では綿打郷と

77 大慶寺

して全体をおおう地名であった。新田嫡流家の支族大館氏の分家綿打氏の拠点であった。綿打氏義・氏頼は新田義貞軍団の重鎮とし活躍し、建武四年（一三三七）に越前金崎城《かねがさきじょう》で討死し（「宮下過去帳」）、綿打某は翌建武五年に北畠顕家軍に随って摂津堺浦で討死している（「大友文書」他）。また新田綿打入道は、南朝の皇子花園宮《はなぞののみや》を奉じて暦応三年（一三四〇）前後に土佐で活動している（「蠹簡集拾遺《とかんしゅうしゅうい》」）。このように綿打氏は南朝に殉じたわけであるが、大根に綿打氏の**館跡**があり、その中に**大慶寺**《たいけいじ》という真言宗寺院が建てられている。館跡の北は現在新田暁高校となっている。

ぼたん寺として知られている大慶寺は、新田義重の娘妙満尼《みょうまんに》（源《みなもとの》義平《よしひら》妻）が、治承四年（一一八〇）に建立し、明徳五年（一三九四）に空覚《くうかく》上人という僧が再建したという。義重の娘は平治の乱で夫（義平）が討死した後に父の元に戻っていたが、源頼朝から言い寄られ、義重は頼朝の妻北条政子の怒りを気にして急いで帥六郎《そちろくろう》に嫁がせて、義重が頼朝の不興を買ったという女性である。前者は伝説の域を出ないし、空覚の再建は、年代に誤りがある。

「鶏足寺世代血脈《けいそくじせだいけちみゃく》」によれば、足利小俣鶏足寺で後に二九世になる空覚（明源房）という周防国《すおうのくに》出身の僧が、赤城山で修行し二八世尊猷《そんゆう》の弟子となり、了安入道という人物の土地寄進を受けて大慶寺を建立したと

78　大慶寺の五輪塔

いう。その際に赤塚（佐野荘赤塚か新田荘藪塚郷内赤塚か不明）にあった諏訪大明神を寺内に勧請し、堂舎を建て本尊に十一面観音を安置し、ここを三昧耶戒《さんまいやかい》の道場として灌頂《かんじょう》を行ったという。この記録には建立の年代は記されていないが、この記録の別の記事で佐貫荘《さぬきのしょう》赤岩光恩寺開山の尊誉《そんよ》が、応安三年（一三七〇）に「新田綿打諏方宮」で灌頂を行ったとあり、それ以前に建立されていたことは明らかである。

空覚は、応永十九年（一四一二）に鳥山（太田市鳥山町）からの帰途、金井薬師堂（太田市新田金井町）において八二歳で逝去したという。一九歳で出家した時点は貞和五年（一三四九）、ここから赤城山や鶏足寺での修行期間を一〇年ほど考えると延文四年（一三五九）から応安三年（一三七〇）までの一四世紀の六〇年代に大慶寺が建立されたと考えてよい。大慶寺には歴代住職の**五輪塔**があり、その中に「明徳五年甲戌十一月二十八日大慶寺開山法印空覚逆修《ぎゃしゅ》」と刻んだ安山岩の五輪塔（総高一三〇センチ）がある。この塔の記載から寺の再建年次が誤って伝えられたと考えられる。大慶寺から東南方六五〇メートルの地（太田市新田大根町字本村前）の岩之堂といわれる場所から鎌倉末南北朝期の五基の板碑（徳治二年・元弘三年・建武四年・観応三年・貞治二年）が出土している。ここは綿打氏の墓所と考えられる。

寺地を寄進した了安入道については不明だが、その所在から考えて綿

79 長慶寺

打氏と考えられ、南北朝内乱初期に討死した綿打一族の菩提《ぼだい》を弔うためその館を空覚に寄進して大慶寺を建立したと考えられる。

田中氏と長慶寺 （太田市新田上田中町）

田中氏は、岩松氏系と里見氏系があるが、この**長慶寺**《ちょうけいじ》（真言宗、第8図）は岩松氏系田中氏の館が寺院となった「館寺」と考えられる。この寺には三基の南北朝期の**宝篋印塔**があり、その内二基には貞和二年（一三四六）、永和二年（一三七六）の紀年銘がある。その他、鎌倉・南北朝期の板碑が出土している。この寺（館跡）の北側には、高さ二メートルほどの土塁《どるい》を遺し、広さは約方一四〇メートルの規模を示す。しかし、西側の一部は道路によって破壊されている。田中氏の妻と考えられる浄院は、世良田氏の娘で長楽寺とも関係を持ち田中郷内の土地が長楽寺に寄進されている（「長楽寺文書」）。

金井金山の五輪塔群 （太田市新田金井町）

県道前橋—館林線と大間々—世良田線の道路交差点（金井十字路）から東北に四〇〇メートルの地に大型の五輪塔群がある。ここにはかつて長福寺と金山（金井）神社があったが、火災で焼失し交差点北五〇〇メートルの地に**長明寺**（長福寺と明源寺が合併）と**金山神社**が移転し、そこに

80　長慶寺の石造遺物群と宝篋印塔

81　長　明　寺

長明寺東南約1キロの畑中（旧寺地）に五輪塔数基がある.

82　長明寺の宝篋印塔

83 金山神社

は阿弥陀如来像を塔身部に彫りこんだ凝灰岩製**宝篋印塔の基礎**が遺されている。これも南北朝期の様式を示し、金山神社前から移転してきたものと考えられる。

生品神社 （太田市新田市野井町）

重殿水源《じゅうどの》から東へ一キロほどのところに新田義貞と弟の義助および一族一五〇騎が旗挙げした**生品神社**《いくしなじんじゃ》がある。

新田荘が立地する大間々扇状地の扇端部に位置し、東から寺井・小金井・上野井・市野井・金井・田部井と湧水である「井」の付く地名が並ぶ、中央に位置している市野井郷にある。北は大間々扇状地の扇央部の笠懸野《かさがけの》と称される荒野が広がり、東から中世以来東北部の渡良瀬川から引水した新田堀用水が社前を東西に流れている。生品神社はこの地域に分布する赤城神社系の社で、その中心の神社である。古木が鬱蒼と生い茂り優れた景観をなしている。この社前は先に記した、新田義貞挙兵の地である。社の南側は発掘調査によって多くの板碑や五輪塔を出土し、中世の墓域が広がっていたことが確認されている。

『太平記』（巻一〇「新田義貞の事、付けたり天狗越後勢を催す事」）には、「（元弘三年〔一三三三〕）五月八日の卯の刻に、生品明神の御前にて旗を挙げ、綸旨をひらいて三度是を拝し、笠懸野へ打ち出でらる」と記されて

84　生品神社拝殿

いる。旗挙げに従った主な一族は、先に触れたように「大館次郎宗氏・子息孫次郎幸氏・二男弥次郎氏明・三男彦次郎氏兼・堀口三郎貞満・舎弟四郎行義・岩松三郎経家・里見五郎義胤・脇屋次郎義助・江田三郎光義・桃井次郎尚義」等であり、「是等《これら》を宗徒《むねと》の兵として、百五十騎には過ざりけり」とあり、わずかに一五〇騎であったと記されている。

ここで蜂起した、新田義貞軍は、北西にある中世東山道（地元呼称「あずま道」）に出て西に進み、新田氏の西上野の拠点八幡荘寺尾（高崎市）を目指した。その途中で利根川の大渡り（川幅が広く浅い渡河点）に達すると、信濃川上流の山間部、越後国魚沼郡波多岐荘《はたきのしょう》や妻有荘《つまりのしょう》（十日町・中里村）に勢力を持った新田一族の里見・大井田・鳥山・田中・羽川氏らの軍勢が合流して来た。

義貞大きに喜びて、馬を控えてのたまひけるは、「この事かねてよりのその企てはありながら、昨日・今日とは存ぜざりつるに、にはかに思ひ立つ事の候《そうら》ひつるあひだ、告げ申すまでなかりしに、何として存ぜられける」と問ひたまひければ、大井田遠江守鞍壺《くらつぼ》にかしこまつて申されけるは、勅定《ちょくじょう》によつて大儀をおぼしめし立たるる由承り候はずば、何としてかやうに馳せ参るべく候ふ。去んぬる五日、御使ひとて、天狗山伏一人、越後の国中を一日の間に触れ回りて通り候ひしあひだ、夜を日に継いで馳せ参つて候ふ（後略）」。

85　市野井の通木の湧水

と応答している。大井田氏は越後の新田里見氏のリーダーで、「天狗山伏」の通報で馳せ参じたということであるが、実は、西上野に本拠を持つ里見氏が、山伏を山越えで派遣して軍勢の動員を通報したと考えるのが妥当である。

生品神社の周辺には、簱ノ木・旗挙塚・床几塚《しょうぎづか》・討議原《とうぎはら》などの義貞蜂起にかかわる地名が残されている。

市野井の館跡と湧水群、寺跡・墓地群（太田市新田市野井町）

市野井の字石塚には「蛇屋敷《へびやしき》」といわれる約方一町（一〇〇メートル四方）の規模を持つ館跡があり、その北の堀には、一ノ字池といわれる豊富な湧水がある。この「蛇屋敷」は一井兵部大輔《ひょうぶだいゆう》（義時・義匡）から転訛したものと考えられ、『太平記』に登場する一井氏の館と考えられる。

市野井の生品神社とその南の「蛇屋敷」の東南部一帯には、市野井の集落が展開するが、その縁辺に多くの湧水（池）と**石塔遺物**（墓所）が分布している。

市野井の西部、重殿水源の東に、中世では正光寺（勝光寺）という寺院があった。この付近には、大御堂・正光寺前・感応寺・観音堂・虚空《こくう》蔵《ぞう》・堂場《どうば》・石堂といった小字名が残されている。この寺とは別に、生品神社南、「蛇屋敷」西に福蔵院の跡地がある。大正二年（一九一三）に福

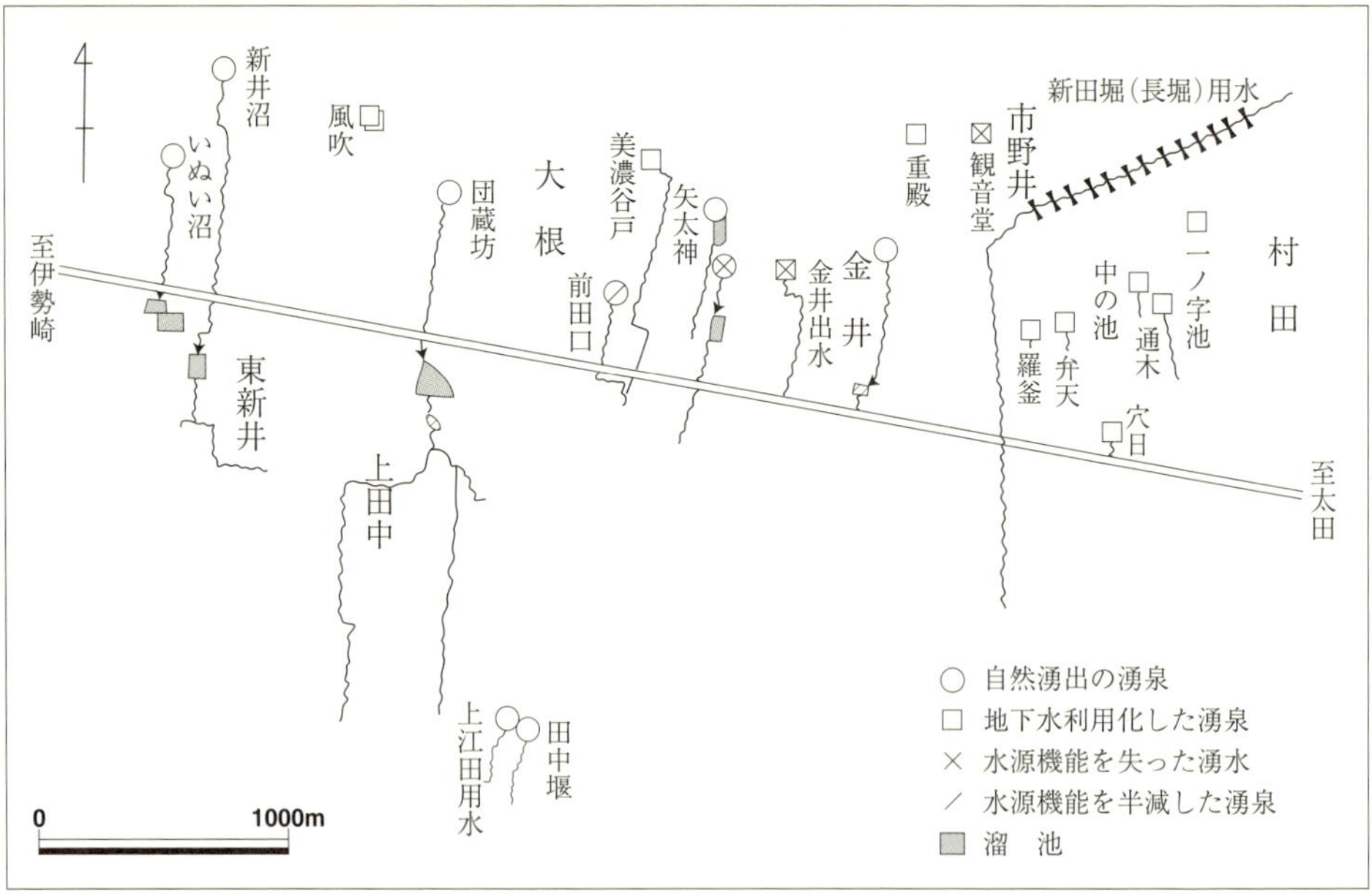

86　新田荘の湧水源（新田町誌刊行委員会『村々の沿革と絵図』収録，沢口宏氏作成「湧水の灌漑区域」図を補正）

87　市野井付近の石塔遺物

88　福　蔵　院

89　福蔵院の石造遺物

蔵院は正光寺を合併して寺地を生品神社の北方に移している。この正光寺は、武蔵坊弁慶《むさしぼうべんけい》や北条政子の伝承を持つが、「鶏足寺血脈」によると、猷助《ゆうじょ》（三位律師）が貞治元年（一三六二）に「上野国新田庄一井略井（オチイ）勢蔵坊勝光寺」に住職となったと記されていることから、南北朝期にはすでに存在した寺であることがわかる。

現在の福蔵院や旧寺地には、南北朝期の**宝篋印塔**・**五輪塔**・石仏、その周辺には鎌倉末南北朝期の板碑などが数多く残され、また発掘調査でも出土している。

この地域はまた扇状地扇端の湧水地域に位置し、数多くの湧水（井）が存在している。前述の重殿・一ノ字池の他に、龍珍・羅釜・弁天・観音堂池などがある。

正法寺（太田市脇屋町）

生品神社から東南へ三キロほど行くと脇屋義助の菩提寺**正法寺**がある。高野山系真言宗寺院で、鎌倉時代の聖観音立像（座高一五五センチ、県指定文化財）が本尊となっている。

脇屋館跡（太田市脇屋町字原）

正法寺を南東に一キロ、畑中に**脇屋義助館跡の碑文**が建っている。現

91　脇屋義助館跡碑

90　正法寺仁王門

92　反町館跡航空写真

94　反町館跡の堀

93　反町館跡の土塁

状では館跡を正しく確認することはできないが、地割図では約一町（一〇〇メートル）四方の方形地割が見られ、南東部に堀跡が残されていたと伝えられる。

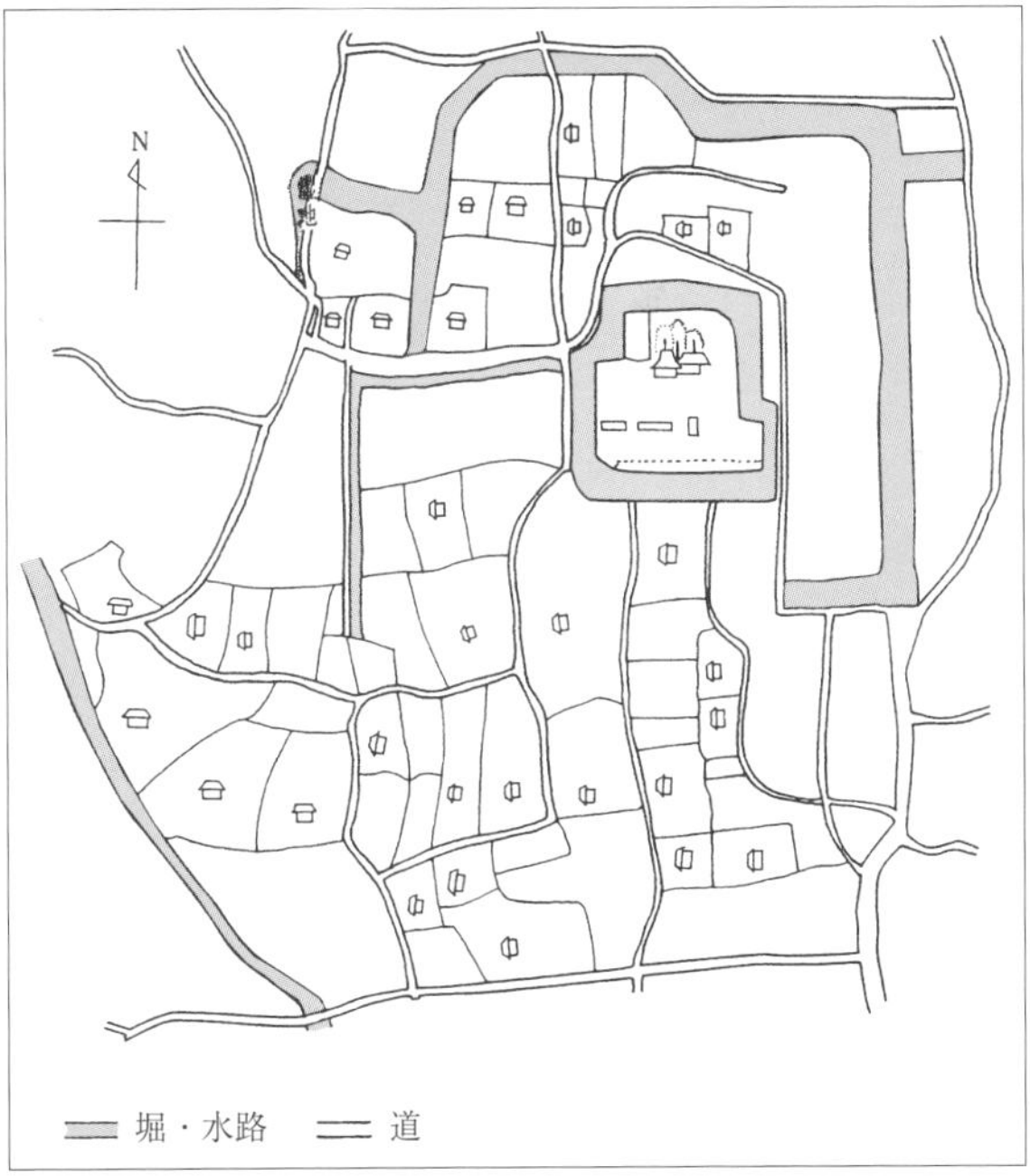

95　反町館跡復元図（太田市新田反町照明寺地積図より，著者作図）

反町館跡

（太田市新田反町町、国指定）

生品神社より南に二キロほど行くと、**反町館跡**《そりまちやかたあと》がある。

96　照明寺（反町薬師）本堂

この館のある反町は、近世では村切《むらきり》によって独立した村となっているが、その北・東に接する村田村と合わせて中世では村田郷を形成し、その村田郷の一部であったと考えられる。「応永《おうえい》十一年（一四〇四）村田郷地検目録」（正木文書）に、新田岩松氏の庶子分として宮田殿・堀内殿・村田修理亮殿と三人の名があり、この「堀内殿」を称する村田氏一族（嫡流）の鎌倉時代以来の館跡と考えられる。

堀・土塁に囲まれたほぼ一五〇メートル四方の方形館が戦国時代には縄張りを拡張して城郭化して由良氏の金山城の支城として重要な役割を担った。近世ではその西地域にあった**照明寺**《しょうみょうじ》（反町薬師）が内部に入り寺院として繁盛している。館→館城→館寺と転化した例である。現在も内郭の**堀・土塁**がよく残されている。

円福寺境内と十二所神社境内（太田市別所町、国指定）

反町館跡から西に二キロほど行くと、大前方後円墳茶臼山《ちゃうすやま》古墳の墳丘を背にして、**円福寺**《えんぷくじ》が建てられている。

この境内には、新田氏累代の**五輪塔・層塔**などが立ち並んでいる。この中の五輪塔一基の地輪に「沙弥道義《しゃみどうぎ》　七十二逝去　元亨四甲子六月十一日巳時」という刻銘があり、この人物は義貞の祖父基氏である。この別所《べっしょ》の地は中世では新田惣領家の本拠地の由良郷《ゆらごう》内にある。寛元二年

97　円　福　寺

（一二四四）に新田政義が京都で大番役《おおばんやく》勤仕中に、統率している守護の安《あ》達泰盛《だちやすもり》に届けずににわかに出家して、幕府によって処罰され、所領一所を没収され（『吾妻鏡《あずまかがみ》』寛元二年六月十七日条）、別所に引退したとされている（円福寺蔵「新田実城応永記」）。政義・政氏・基氏・朝氏四代の館がこの別所にあり、それに接して新田家累代の墓所として円福寺が建立されていたと考えられる。江戸時代の境内絵図によれば、円福寺の東に延びる参道の左右に塔頭《たっちゅう》が並んで描かれているが、この部分に新田氏の館があった可能性がある。

茶臼山古墳の後円部には、**十二所神社**《じゅうにしょじんじゃ》が建ち社内には鎌倉期の神像一六体が祀られ、そのうちの五体には、正元元年（一二五九）に円福寺初代住持阿闍梨《あじゃり》静毫《じょうごう》が現世安穏《げんぜあんのん》と極楽往生《ごくらくおうじょう》を祈願して建立したと記されている。

新田嫡流家の本拠地由良郷（太田市由良町）

円福寺・十二所神社のある由良郷は、新田嫡流家の本拠地であるが、船田氏と並ぶ義貞の有力家臣由良氏の管轄する名字の地でもある。この由良氏は後に新田岩松氏の重臣横瀬氏が戦国期に由良氏と改称したので紛らわしいが別系である。義貞の鎌倉攻め以来義貞に随従した三郎左・美作守（金崎城《かねがさきじょう》で討死）、その一族の越前守光氏、新左衛門尉、兵庫助な

98　新田氏累代の石造遺物

新田氏累代の墓として20基あまりの石層塔・五輪塔群が立ち並んでいる．そのうちの1基には元亨4年（1324）「沙弥道義」が72歳で没したことが記されている．沙弥道義は新田義貞の祖父基氏の法名といわれている．

99　円福寺の石幢（せきどう）

先祖供養の石造物の一種で，仏龕(ぶっがん)を主とした石灯籠に似た形のものが多い．幢身には，長享3年(1489)の銘がある．

100　十二所神社

101　台源氏館跡

ど、その活躍が『太平記』に見られる。新田荘中央部の由良郷から東北部の金山丘陵の太田・大島・鳥山郷などが、室町時代の新田岩松氏の所領目録に「ゆらかた（由良方）」と傍注されているので、この地域を管轄したと思われる。文書資料では、越後国国宣の宛書に「守護代由良入道殿」とあり、由良新左衛門尉が建武政権下の越後守護代になっていたことが知られる。

由良郷には、**台源《だいげん》氏《じ》館《やかた》**という遺構が残っていて義貞館との伝承を持つが、あるいはこの由良氏の館の可能性もある。村内の**威光寺**（真言宗）には新田義貞の子息**義興《よしおき》の墓**がある。

常楽寺跡（太田市新田木崎町）

台源氏館から南西へ三キロ行くと**常楽寺《じょうらくじ》跡**がある。この寺は、明治に入って上田島の蓮蔵寺・円通寺と合併し移転したが墓地が残され、南北朝期の康永三年（一三四四）から延文四年（一三五四）の紀年銘を持つ**宝篋印塔**三基と**五輪塔**三基が遺されている。その内二基の宝篋印塔に大中臣《おおなかとみ》光重・大中臣実吉という願主名が記され、四基はいずれも八月に造立され、三基には千部経供養の造立趣旨が記されている。この氏族と寺・石塔との関係などの解明は今後の課題である。

102　威　光　寺

103　新田義興の墓

細谷村（太田市細谷町・西新町）

常楽寺跡から東武伊勢崎線の細谷駅方面に向かう（第10図）。駅の南側が細谷である。

由良郷内の一村で、新田氏一族の細谷氏の本拠。細谷氏は『太平記』中で、「細谷右馬助」（秀国）として義貞軍団のもとで活躍している。また、義貞家臣として高山氏（西上野の高山氏の分家）も高山遠江守、同民部大輔が活躍しており、この子孫は細谷村に土着した。

なお、江戸時代の寛政の三奇人の一人、高山彦《たかやまひこ》九郎《くろう》はこの地に生まれ、全国を旅する勤王家として名を残した。この事跡は「高山彦九郎日記」で知ることができる。高山氏の先祖は、西上野の高山御厨（藤岡市）出身の武士であったが、戦国時代に金山城主由良氏の家臣となり新田に移住してその子孫に継承された。**高山彦九郎宅跡と遺髪塚**（第10図）は国史跡となり、資料館が建てられている。

104　常楽寺跡の宝篋印塔と五輪塔
（上は左から，下は右から写す）

106　高山彦九郎遺髪塚

105　高山彦九郎宅跡

三　岩松氏と堀口氏——南東部——

今回は新田荘南東部の堀口氏と岩松氏の遺跡を訪ねよう。

堀口館跡　（太田市堀口町）

東武伊勢崎線木崎駅から南西に三キロほどの所に、堀口氏の館があった。

早川が利根川に注ぐ合流点の東北部に立地していたが、早川の河川改修工事のために堤防下に埋没してしまった。館跡には堀口貞満《ほりぐちさだみつ》が建立したと伝える不動院正覚寺があったが、不動堂・墓地などは村内の**浄蔵寺**に移された。墓地からは南北朝期の板碑が出土している。この跡の滝沼氏宅裏には**旧跡を示す碑**が建てられている。堀口氏（貞光・行義）は新田軍団の勇将として活躍した。

ここで『太平記』（巻一七「山門より還幸の事」）の中でも、堀口貞満の行動が多くの人々に感動させる名場面であるので、長文の一部を紹介して

107　浄蔵寺不動堂

108　堀口館跡碑

おこう。

楠《くすの》木《き》正成《まさしげ》が湊川《みなとがわ》で討死にしたのち、建武三年（一三三六）五月二十七日、後醍醐天皇は大軍勢の足利軍を恐れ、比叡山麓坂本に避難し、新田一族ほか公卿・有力武将が従った。しかし、足利尊氏の使者が参って申すには「ただ義貞が一類を亡ぼして、向後《きょうこう》の讒臣《ざんしん》をこらさんと存ずるばかりなり」といい、天皇が京都にお帰りになるのであれば、「天下の成敗を公家にまかせまゐらせ候ふべし」との密謀に屈し、義貞・義助に相談もせず、比叡山を下りることにしたのである。

ここで堀口貞満は、怪しい気配を察知し、天皇のもとに行ってみると、まさしく下山の準備を進めているところであった。貞満は驚き天皇の鳳《ほう》輦《れん》の轅《ながえ》にとりついて、涙を流して天皇に、

還幸《かんこう》の事、児女《じじょ》の説《せつ》かすかに耳に触れ候ひつれども、義貞存知つかまつらぬ由を申し候ひつるあひだ、伝説の誤りかと存じて候へば、事の儀式、早誠にて候ひける。そもそも義貞が不義何事にて候へば、多年の粉骨忠功《ふんこつちゅうこう》をおぼしめし捨てられて、大逆無道《たいぎゃくむどう》の尊氏に叡慮《えいりょ》を移され候ひけるぞや。去んぬる元弘の始め、義貞不肖の身なりといへども、かたじけなくも綸旨《りんじ》をかうむつて、関東の大敵を数日の内に亡ぼし、海西の宸襟《しんきん》を三年の間に休めまゐらせ候ひし事、おそらくは上古の忠臣にも類《たぐ》ひ少なく、近日義卒《ぎそつ》も皆功を譲るところに

（107ページへ続く、重複あり）

（106ページへ続く）

第10図　新田荘南東部

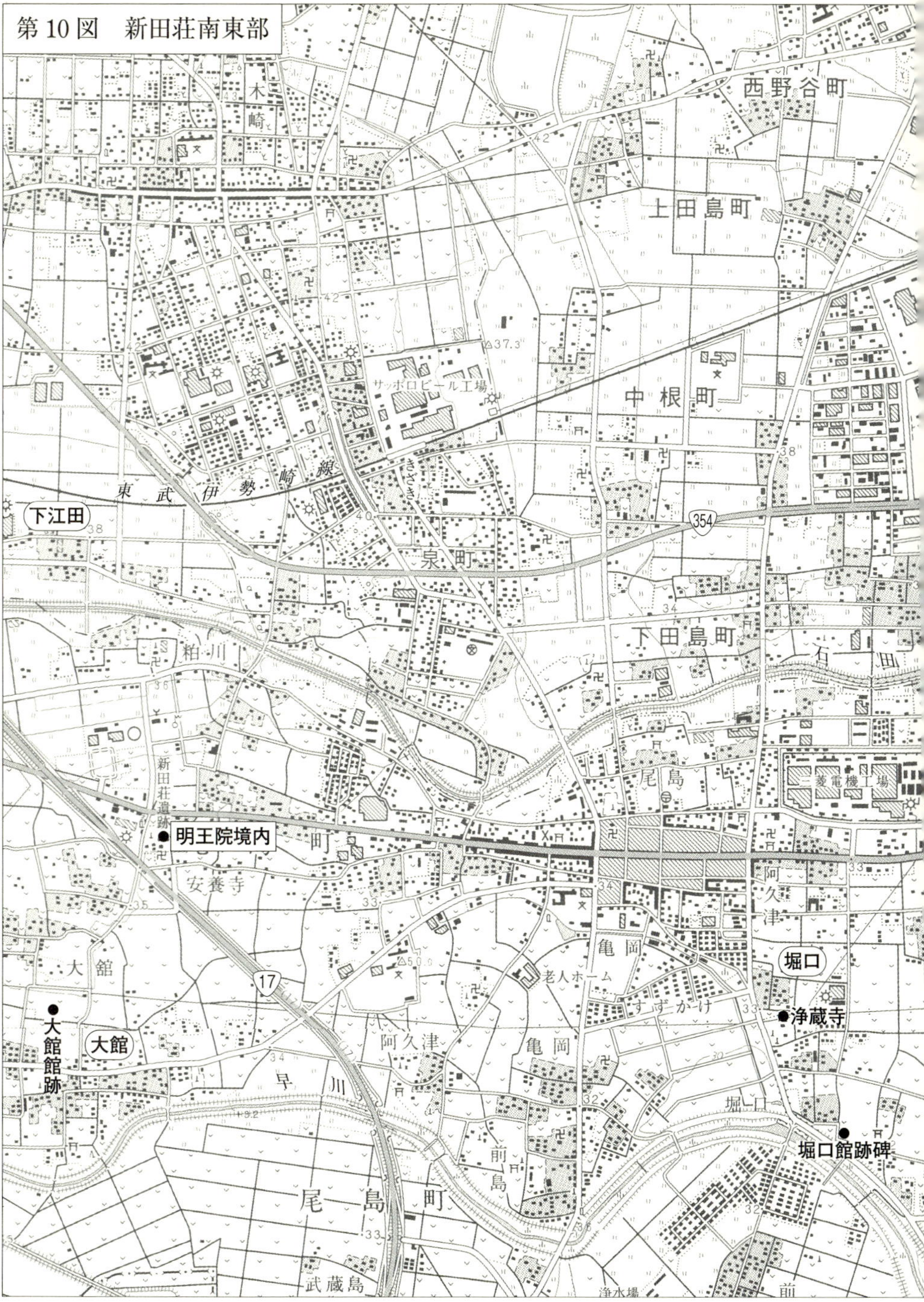

（38・40ページより続く、重複あり）

109　岩松八幡宮

110　岩松八幡宮拝殿

て候ひき。その後尊氏が叛逆あらはれしよりこのかた、大軍を靡《なび》かしてその師《いくさ》を虜《とりこ》にし、万死を出でて一生に逢ふこと、あげて数ふるにいとまあらず。されば義を重んじて命を落す一族百三十二人、節にのぞんで尸《かばね》を曝《さら》す郎従《ろうじゅう》八千余人なり。しかれども今洛中数箇度の戦ひに、朝敵勢ひ盛んにして、官軍しきりに利を失ひ候ふ事、全く戦ひの咎《とが》にあらず、ただ帝徳《ていとく》の欠るところに候ふか。よつて御方に参る勢の少なきゆゑにて候はずや。詮《せん》ずる所当家累年の忠義を捨てられて、京都へ臨幸成るべきにて候はば、ただ義貞を始として、当家の氏族五十余人を御前へ召し出だされ、首を刎《は》ねて伍子胥《ごししょ》（中国の春秋時代、呉王夫差《ごおうふさ》の臣。夫差に越王勾践《えちおうこうせん》の降伏を許したことを諫《いさ》め、聞き入れられず自殺した）が罪に比し、胸を割《さ》いて比干《ひかん》（殷の紂王《ちゅうおう》の虐政を諫めたため殺された）が刑に処せられ候ふべし。

と、申し上げた。貞満が「怒る面《おもて》に涙を流し、理を砕《くだ》いて申しければ、君も御誤りを悔《く》いさせたまへる御気色《みきしょく》になり、供奉《ぐぶ》の人々も、皆理に服し義を感じて、かうべをたれてぞおはせられける」と、返す言葉もなかった。

後醍醐天皇は、義貞を捨て去ることによって北朝と和睦することを反省し、義貞に皇太子恒良親王《つねよししんのう》を伴わせ越前国に下すことになるのである。

111　金剛寺地蔵堂

112　青　蓮　寺

岩松八幡宮（太田市岩松町）

堀口氏の館のあったところから北西一キロに**岩松八幡宮**がある。

新田氏の有力支族岩松氏の本拠地岩松郷にある八幡宮で、岩松郷は平安末期に「いぬま」（犬間）といわれたが、山城国の石《いわ》清《し》水《みず》八幡宮をここに勧請して松を移植して「岩松」となったという。一二世紀に新田氏の祖源義国と義重の新田郡定着の信仰拠点としての意味を持つと思われる。自然河川石田川の南に接する畑の中に立地している。南北朝内乱が終息に向う貞治六年（一三六七）、義貞没後三〇年に良円・良仙という二人の僧が資金を集めて絵師に「北野天神絵巻」を画かせてこの八幡宮に奉納している（国立歴史民俗博物館所蔵）。新田一族の鎮魂・慰霊のためと考えられる。

岩松館跡（太田市岩松町）

岩松経家・同直国ら岩松氏の館は、岩松字常木にあったが現在三菱電機工場敷地内となり面影をとどめない。

金剛寺と青蓮寺（太田市岩松町）

岩松八幡宮から北へ五〇〇メートルに**金剛寺**がある。

明応３年（1494）金山城主となった岩松尚純は，家臣横瀬氏（後に由良氏を名乗る）に追われ岩松の地に隠遁し，静喜庵と号し連歌の世界に生きた．

113　岩松尚純の墓

114　義国神社にある石塔遺物

明治10年（1877）創建の義国神社裏にある中世の石塔遺物．

薬師如来を本尊とする古義真言宗《こぎしんごんしゅう》の寺院で、境内には正和二年（一三一五）の紀年銘を持つ円仏と妙蓮（夫婦か）の逆修双碑の板碑（現在、新田荘歴史資料館展示）がある。岩松直国は法名金剛寺殿で、この寺を菩提寺にしている。境内の**地蔵堂**には、木造の地蔵尊があり「子育て地蔵」として信仰されている。

金剛寺の西北に接して**青蓮寺**《しょうれんじ》がある。元は密教系寺院と考えられるが、鎌倉末期に一遍の布教によって時宗に転宗したという。岩松直国の祖父政経の法名は青蓮寺殿であり、ここを菩提寺にしている。寺内の「日限地蔵」が崇敬を集めている。

なお、この近辺に家臣横瀬氏との抗争に破れた**岩松尚純の墓**や新田氏の祖源義国を祀る**義国神社**《よしくにじんじゃ》もある。

115 牛の塔

四 牛の塔と大島館・金山城――東部――

八王子丘陵の南面には、中世では成塚郷《なりづかごう》（長岡・菅塩《すがしお》・金谷村を含む）、強戸《ごうど》（額戸）郷があり、金山丘陵の南面には長手郷《ながてごう》・大島郷・太田郷などが立地する。ずっと南に下って矢島・牛沢・高林などの郷があり、それぞれ新田一族の支族が拠点としている。

牛の塔（太田市藪塚町）

太田駅で東武桐生線に乗り藪塚駅で下車、県道太田大間々線を北へ四キロほど行くと、字石の塔に**牛の塔**がある。安山岩製宝篋印塔《ほうきょういんとう》の屋蓋と基礎が鎌倉末・南北朝のもので、相輪部と塔身は江戸時代の後補である。園田御厨《そのだのみくりや》の地頭《じとう》で法然《ほうねん》上人の弟子となり、桐生市川内町の崇禅寺《そうぜんじ》の開基となった智明坊《ちみょうぼう》（園田成家）が京都から帰国の際に、師の法然から賜った阿弥陀如来像を牛の背に乗せて運んできたとき、この地で牛が倒れて死に、その供養塔を建てたという伝説が残されている（崇禅寺由

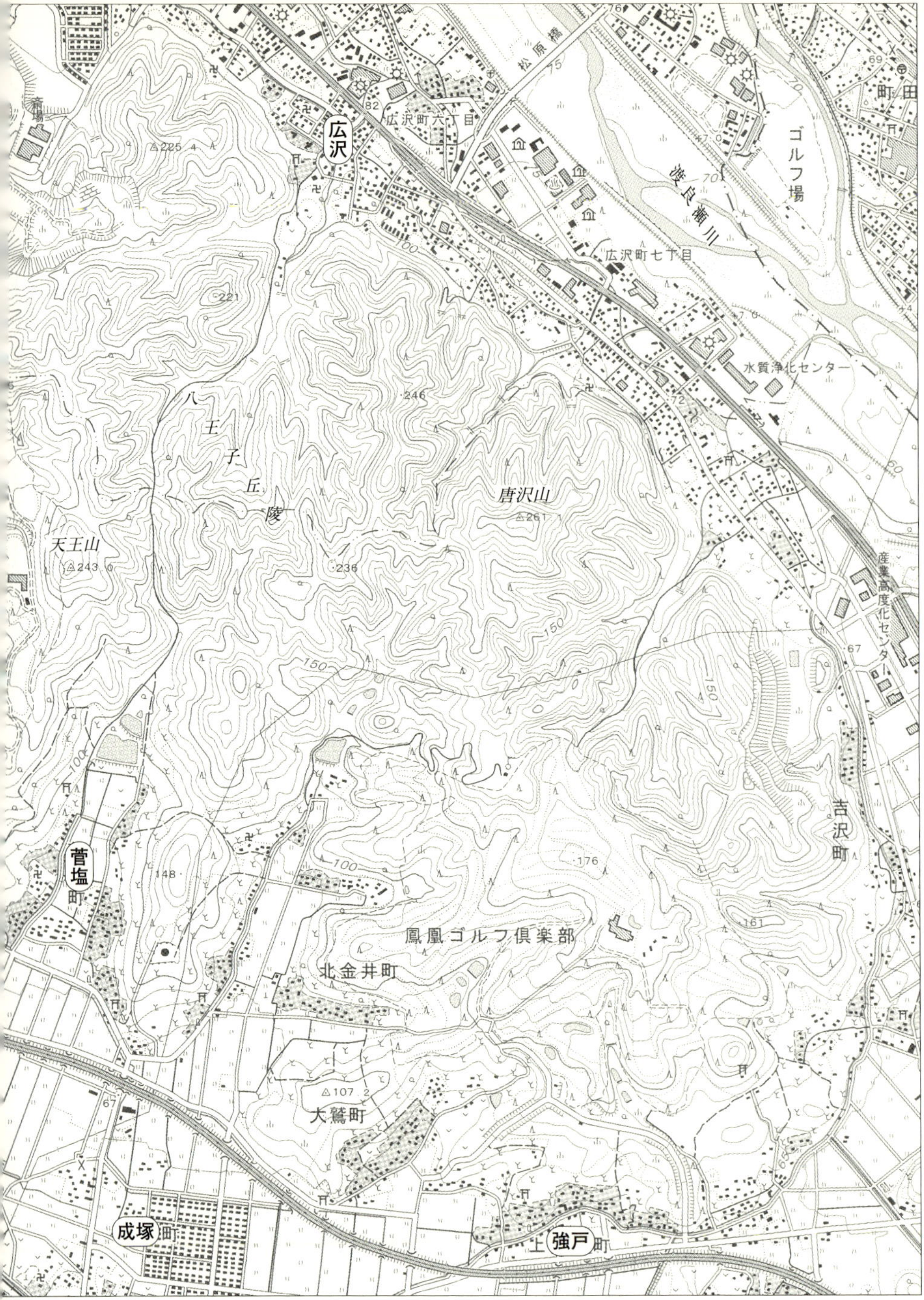

広沢
広沢町六丁目
松原橋
広沢町七丁目
渡良瀬川
ゴルフ場
町田
水質浄化センター
八王子丘陵
唐沢山
天王山
産業高度化センター
吉沢町
菅塩町
鳳凰ゴルフ倶楽部
北金井町
大鷲町
成塚町
上強戸町

（98〜99ページへ続く）

第11図　新田荘東部(1)

牛の塔
東毛少年自然の家
籾山峠
藪塚町
藪塚温泉
スネークセンター
岡登用水
やぶづか
太田市
東武桐生線
太田双葉カントリークラブ
長岡町
八王子山公園
文化ホール
北関東自動車道
山之神町
寄合町
桐生
足利北部
上野境
足利南部
0
500m

金山城跡
太田市立史跡金山城跡
ガイダンス施設
（地域交流センター）
金龍寺
大光院
大島館跡
長手町
大島町
矢田堀町
猿楽
緑町
東今泉町
東金井町
生田町
瀬川
ぐんまこどもの国
金山
新田神社
熊野町
金山町
高山神社
八幡町
本町
東本町
西本町
富士重工工場
老人ホーム
122
407
桐生
足利北部
上野境
足利南部
0
500m

へ続く）

(97～98 ページより続く)

第 12 図　新田荘東部(2)

(66 ページより続く、一部重複あり)

(106～107 ページ

116　大　光　院

117　新田義貞木像（金龍寺蔵）

緒）。

大島館跡（太田市大島町）

太田駅に戻り、北西へ二キロに、東・西の低地（湿田）に挟まれた微高地上に方一町（約一〇〇メートル）規模の館の地割と、その外にも約二町規模の外郭線があったが、現在では確認ができない。近接して東楊寺跡がある。『太平記』の中で観応の擾乱に足利尊氏方の武将として活躍する里見系の大島義政（兵庫頭・讃岐守・遠江守、三河守護）の居館とされる。

呑龍様・大光院（太田市金山町）

大島館跡から大光院《だいこういん》に向かう。太田駅から北西へ二キロ、金山の南麓には、江戸時代初期に創建された呑龍様《どんりゅうさま》で知られる**大光院**（浄土宗）の広大な敷地があり、「太田金山子育て呑龍」（『上毛かるた』）と歌われ育児の功徳《くどく》で賑わいを見せている。この地域は、金山城の南の防塁（外構え）があったところである。

金龍寺（太田市金山町）

大光院から北東に五〇〇メートル、戦国時代初期に金山城主横《よこ》瀬《ぜ》氏《し》

118　金　龍　寺

119　横瀬氏歴代五輪塔群

120　金山城跡の石垣と復元建物

121　金山城跡の大手虎口の石垣と敷石通路

122　金山城跡の日ノ池

（後に由良氏と改姓）が開基となって建立した曹洞宗寺院である。横瀬氏は新田氏の子孫と称することからこの寺は新田義貞を祀り、**義貞の木像**が安置されている。また横瀬（由良）氏歴代の**五輪塔群**も林立している。

太田市立史跡金山城跡ガイダンス施設（地域交流センター）

（太田市金山町）

金龍寺からさらに北へゆくと、金山城のガイダンス施設として二〇〇九年に建てられた資料展示場・ガイダンスルームなどがあり、ここを見学してから金山城に登るのがよい。

金山城跡

（太田市金山町、国史跡）

太田駅を下車して北に見えるのが金山丘陵である。

この金山には戦国時代の名城**金山城**《かなやまじょう》がある。享徳《きょうとく》の乱のさなか、文《ぶん》明《めい》元年（一四六九）に新田岩松家純の命を受けて重臣の横瀬国繁《よこぜくにしげ》が築城したという記録が残されている（「松陰私語《しょういんしご》」）。それ以後、戦国争乱の中で、由良氏（横瀬氏の改姓）の本城として重要な役割を果したが、天正十三年（一五八五）以降、北条氏に敗北して城を明け渡し、天正十八年まで北条氏の属城となった。

このように、この城は戦国時代に横瀬（由良）氏の活動の舞台となっ

新田荘広沢郷の中心部にある延喜式内社で，ほど近い字松原待堰には新田堀の取水口がある．

123　賀茂神社

たところであるが、それ以前の南北朝内乱の過程で一時使用された可能性がある。建武三年（一三三六）正月に新田義貞の越前転戦で留守となっていた新田荘に足利方が侵攻したとき、足利軍に属した佐野義綱《さのよしつな》が「新田城」を攻め落とし、その後に笠懸原（野）の合戦で合戸（強戸）殿の家人左衛門三郎を討ち取り、その際に乗馬を切られたという（「落合文書」）。笠懸原の合戦との関係で、佐野氏の侵攻は東口から金山丘陵にある「新田城」を陥落させて笠懸原に進出したと考えられる。金山城は、南北朝期に臨時の山城として活用されていたと考えてよいと思う。

金山城は長年にわたる調査と保存整備が行われ、山上では大規模な石垣の城の景観を偲ぶことができる。

八王子丘陵を越えた足垂郷　（桐生市広沢町）

金山丘陵の北、八王子丘陵と渡良瀬川を挟む地域は中世では園田御《そのだのみ》厨《くりや》広沢郷の領域であるが、丘陵を越えて平地に接する谷戸の部分に足《あし》垂《たれ》、足垂ノ入という小字があり（江戸時代の上広沢村）、ここは新田荘側から山越えで進出した出村として中世では新田荘に属していた。平安末期に新田荘と園田御厨との相論になっているが（『玉葉《ぎょくよう》』）、この地域の係争と考えられる。

五　条里制水田地帯と里見氏の故地——東南部——

124　現在の飯田・飯塚町付近

新田荘の条里水田、飯田・飯塚・矢島（太田市飯田町・飯塚町・東矢島町）

東武伊勢崎線太田駅から南に伸びるこの地域は（最南端で七キロ）は八瀬川水系に開かれた古代以来の条里制水田の広がる地域で、中世でも新田荘の穀倉地帯になっていたことが知られる。

そのことは、「飯田」「飯塚」の地名が「飯」（飯米）を示すことからもわかる。一九六〇年代以前には広々とした条里制区画水田が広がり、ここではその後に各地で展開する圃場《ほじょう》整備事業の必要がなかった。以降の高度成長時代の中で太田駅南面の都市開発が進展し、太田市役所や大規模工場・住宅地が進出し、またたくまにこの条里制《じょうりせい》水田のほとんどは消滅してしまった。

125　牛沢館跡の堀

126　牛沢神社

里見氏の故地高林・牛沢

（太田市高林北町・牛沢町）

条里制水田のあった飯田・飯塚・矢島町から太田駅方面に少し戻ると、太田駅南三キロほどのところに、新田荘の東南部八瀬川と憩川に挟まれた合流点にかつて高林館があったが、現在は日本電気の敷地となって消失してしまった。新田義重の長子里見義俊は高林とも称していた。新田荘内では高林を本拠とし、大島氏・鳥山氏・田中氏を分出し、信濃川上流の越後国魚沼郡の波多岐《はたき》荘・妻有《つまり》荘に進出した。新田義貞蜂起の際に越後から軍勢を率いて利根川で合流した「天狗・山伏の触れ」によってやってきたという「里見・鳥山・田中・大井田の人々」とはこの里見一族である。

また、高林から南西に二キロ、蛇川左岸に堀内といわれる**牛沢館跡**がある。里見一族の牛沢氏の館跡で戦国時代に城郭（館城）化して複郭となっているが、当初は単郭の方形館であったと推定される。郭外東南に接して建てられていた生首八幡社は、東方一五〇メートルの**牛沢神社**（神明社）に合祀されている。

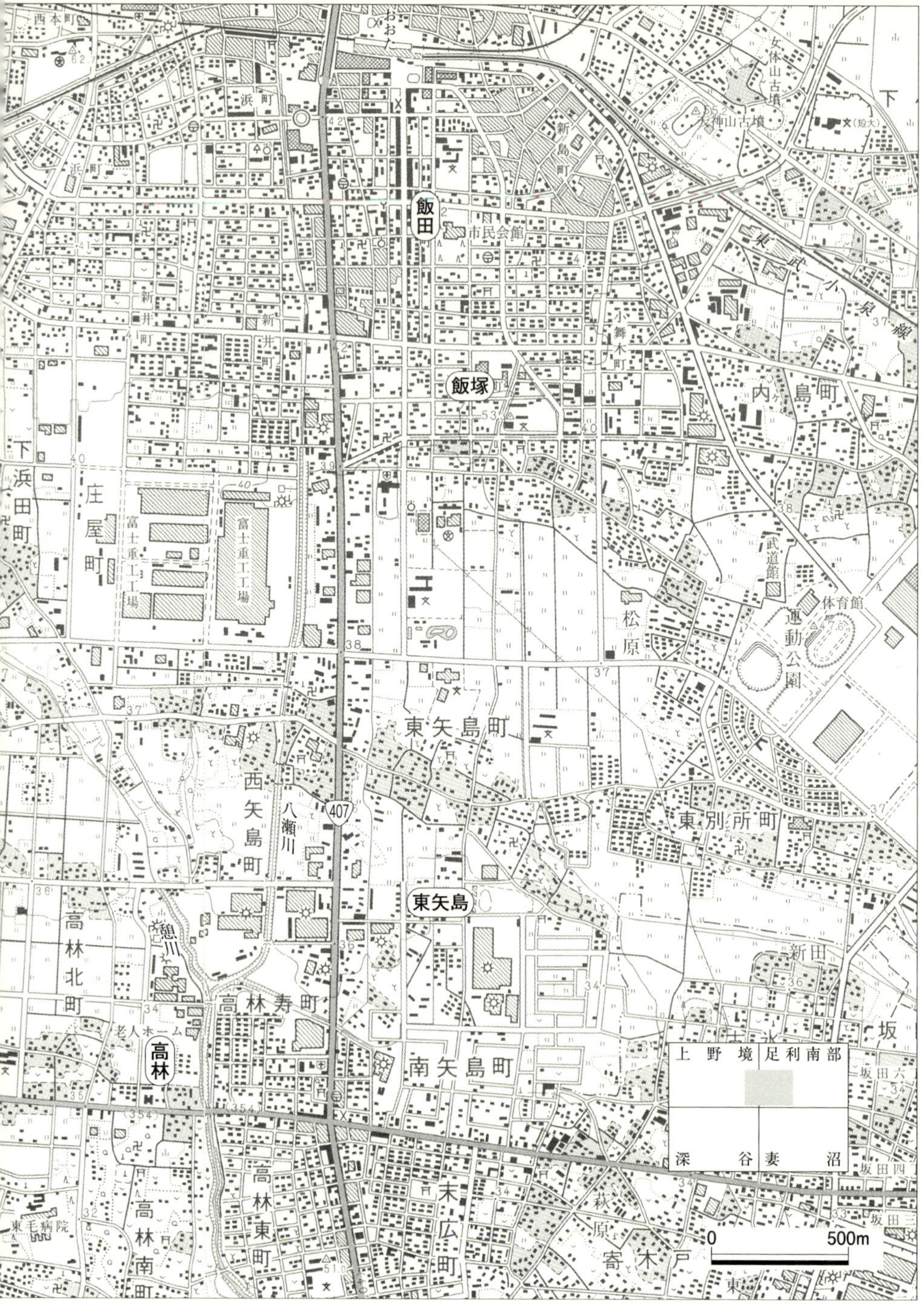
西本町
浜町
浜町
新島町
女体山古墳
大神山古墳
文(短大)
下
飯田
市民会館
東武小泉線
新井町
新井町
小舞木町
飯塚
内島町
下浜田町
庄屋町
富士重工工場
富士重工工場
武道館
体育館
運動公園
松原
東矢島町
西矢島町
八瀬川
407
東別所町
東矢島
高林北町
鶉川
高林寿町
新田
老人ホーム
高林
南矢島町
坂
坂田六
354
上野境
足利南部
深谷
妻沼
坂田四
高林東町
末広町
高林南町
東毛病院
秋原
寄木戸
坂田三
0
500m

（98～99ページ

第13図　新田荘東南部

（91ページより続く）

六　笠懸野と天神山凝灰岩——北部——

笠懸野と中世東山道（あずま道）

古代の東山道は、湧水地帯の少し北を直線で東西に走り、**新田郡庁跡**（天良《てんら》七堂《しちどう》遺跡《いせき》、第12図）の南を通り、金山丘陵の北部の一角をかすめて山田郡に至り足利方面に向うことが近年の発掘調査によって明らかになった。これに対して「あずま」地名を各地に残す中世東山道（あずま道）は、笠懸野中央部を走り、八王子丘陵と金山丘陵との間を通過して足利方面に向っている。生品神社で蜂起した新田義貞が笠懸野に出て西に進撃したと記されたのはこの道である。

127　新田郡庁跡

天神山の凝灰岩採掘場（みどり市笠懸町西鹿田）

新川《にっかわ》の東には鹿田山があり、広大な新田荘が立地する大間々扇状地の要の位置（扇頂）に当たる。この丘陵地域は、南に広がる扇央荒蕪地の

128　近世のあずま道道標

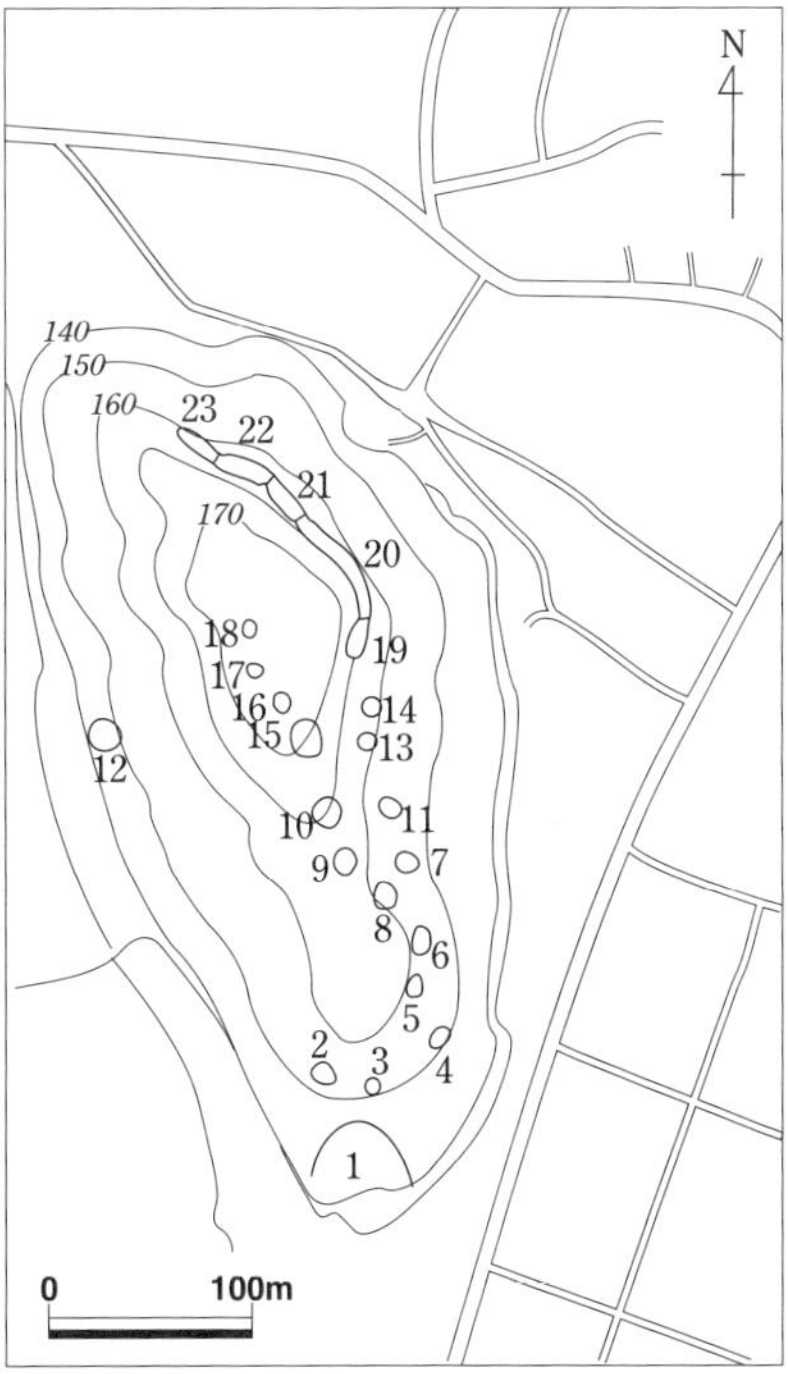

129　天神山凝灰岩採掘場図
（『笠懸村誌』上より作図）

130　天　神　山

相生町四丁目
上毛電鉄
原
相生町三丁目
運動公園
うんどうこうえん
きりゅうきゅうじょうまえ
東武桐生線
122
てんのうじゅく
上毛電鉄
堤町三丁目
赤岩橋
ふじやました
しもしんでん
相生町五丁目
相生町二丁目
サンウェーブ工業工場
あいおい
わたらせ渓谷鐵道
繊維工業試験場
職業訓練センター
吹上
堀上
岡登用水
竹沢
足仲団地
JR両毛線
岩宿遺跡
岩宿
琴平山
いわじゅく
どり市
卸売市場
谷端
阿左美沼
競艇場
50
鹿の川
上原
文化ホール
笠懸町阿左美
大間々
番場
相生
足利北部
0
500m

第14図　新田荘北部

十三塚
藤生沢
天神
熊野
大間々
あかぎ
鏑木
武井廃寺塔跡
ひがしにっかわ
元宿
新里町
新川
善昌寺
宿
久保井
上毛電鉄
にっかわ
武井
ほそや
諸町
大間々町
新宮
桐生市
東部
寺内
養護学校
広間地
清水
西鹿田中島遺跡
向山
笠懸町西鹿田
西原
鹿田山
香林町二丁目
和田
坊谷戸
山際
四津家
天神山
馬見岡
天神
笠懸町鹿
杉菜原

131　岩宿遺跡

132　善昌寺墓所の五輪塔と宝篋印塔

133 善昌寺

笠懸原とともに新田義貞一族の武技訓練の場となったと考えられる。鹿田山の西に連なる小丘陵の**天神山**は良質の凝灰岩の産地があり、露天掘りで採掘した石材が鎌倉時代に上野東部を中心に下野・武蔵に普及した。同様な材質の凝灰岩は、その西方の山上（みどり市）の石山からも産出されている。この石材の普及に船田氏や長楽寺が関与して、これが新田氏の財源になっていたと推定される。

なお、鹿田山の西一キロの所には、日本で最初の旧石器時代の遺跡であることが確認された**岩宿遺跡**がある。

船田義昌の所領新川郷

（桐生市新里町新川）

中世では新田荘新川郷で、新田荘西部を潤す早川の源流となり、この地は新田義貞執事である船田義昌の拠点があったと推定され、船田氏の菩提寺**善昌寺**《ぜんしょうじ》がある。その墓所には、鎌倉期の**五輪塔・宝篋印塔**などが立ち並んでいる。

III

足利荘をゆく

134　鑁阿寺と足利学校跡

足利市の中央部に，当地を代表する国史跡として鑁阿寺と足利学校跡が堀を巡らしどっしりと構えている．鑁阿寺は足利氏の祖義兼の館に，子息の義氏が「堀内御堂」を建立し足利氏の氏寺とした．足利学校は，横浜市の金沢文庫とともに重要な経典・書籍を収蔵し，学問所を兼ねたわが国最古の学校である．

一　鑁阿寺と足利学校――中央部――

135　善　徳　寺

新田荘の重要遺跡を歩いたあと、新田義重の弟足利義康とその子孫が開発を進めた足利荘を散策しよう。足利荘も示したルートにとらわれず、自身で計画を立てて歩いてほしい。

まず、足利荘の中央部の鑁阿寺《ばんなじ》と足利学校を中心とした地域から始めよう。JR足利駅から西北に七〇〇メートル、東武伊勢崎線足利市駅から一キロ、渡良瀬川の中橋を渡り、NHK大河ドラマ「太平記」撮影の際、見学者のために作られた太平記館に寄ろう。ここで足利市内の史跡紹介のパンフレットを貰うと便利である。車で来られた方は、ここに駐車させていただくと市内主要部の史跡巡りには大変便利である。

善徳寺（足利市大町）

早速、足利を代表する鑁阿寺と足利学校に向かいたいところであるが、太平記館の向かいにある**善徳寺**《ぜんとくじ》を見学しよう。

136　足利学校跡全景

善徳寺は、臨済宗妙心寺派《りんざいしゅうみょうしんじは》の寺院で、薬師如来を本尊とする。寺伝によれば、足利尊氏の開基で、開山は鎌倉五山円覚寺《かまくらござんえんかくじ》の無学祖元《むがくそげん》（仏光国師《ぶっこうこくし》）という。

足利学校跡　（足利市昌平町、国史跡）

善徳寺から国道二九三号線の歩道橋を渡ると足利学校である。歩道橋からは**足利学校跡**の全景が眺められる。

足利学校の創立年代は不明だが、渡良瀬川北の十念寺《じゅうねんじ》（現在の伊勢町四丁目）にあったものを、室町時代に現在の鑁阿寺《ばんなじ》東に移建したという。金沢称名寺の金沢文庫《かねざわぶんこ》とならぶ経典・書籍の収蔵と学問所を兼ねた日本最古の施設である。

成立年代については、①天長《てんちょう》九年（八三二）、②応安《おうあん》五年（一三七二）、③永享《えいきょう》十一年（一四三九）などの諸説がある。①は小野篁《おののたかむら》による創建説で、②は「周易伝《しゅうえきでん》」の識語《しきご》にこの年に書写したことがあることから足利尊氏によって創建されたとする。③は上杉憲実《うえすぎのりざね》による創建（ないし再建）でこれには多くの資料がある。

足利学校は庠主《しょうしゅ》（校長）によって統括され、戦国時代の多くの学徒が学ぶ「坂東の大学」として有名であった。

関東を遊歴した俳諧師柴屋軒宗長《さいおくけんそうちょう》は、足利学校について次のように

へ続く、一部重複あり）

吉祥寺
利保町二丁目
江川町三丁目
江川町二丁目
江川町一丁目
利保町一丁目
道路
袋川
養護学校
きたさと学園
老人ホーム
西耕地
東耕地
大月町
和田耕地
ゴルフ場建設中
堤谷
馬坂
砂原後町
東砂原後町
運動場
新山町
助戸新山町
産業技術学校
末広町
大橋一丁目
元学町
富士見町
助戸大橋町
大橋二丁目
助戸東山町
弥生町
真砂町
東山隧道
三洋電機工場
相生町
助戸一丁目
助戸三丁目
老人ホーム
大沼田町
飯成神社
(国府野遺跡付近)
JR両毛線
錦町
伊勢町
常盤町
十念寺橋
寿町
宮北町
山川町
井町
勧農城跡
若草町
袋川
渡良瀬川
福寿大橋
自転車専用道路
クリーンセンター
猿田町
常見町二丁目
常見町一丁目
神明
足利北部
田沼
足利南部
佐野
0
500m

（134〜135 ページ

第 15 図　足利荘中央部（1）

（129 ページへ続く、重複あり）

137　足利学校学校門

138　足利学校孔子廟

記している。

下野の国佐野といふ所へ出たち、足利の学校に立寄侍《はべ》れば、孔子《こうし》・子路《しろ》・顔回《がんかい》、この肖像をかけて、諸国の学徒かうべを傾け、日ぐらし居たる躰は、かしこく且《かつ》あはれに見侍り。御当家旧跡鑁阿寺一見して、千手院といふ坊にして茶など（以下略、「東路《あずまじ》のつと」）。

キリシタン宣教師ジョアン・ロドリゲスの『日本教会史』（第二巻七章、元和《げんな》六―八年、一六二〇―二二）の中で次のように紹介されている。

坂東（バンドウ）の地方の下総（シモウサ、下野の誤り）の国には、足利（アシカガ）と呼ばれる一つの大学がある。そこには無料で教授されるあらゆる種類の学問を学ぼうとして、日本全国から人々が集まってくる。ここには、学長がいて、学校（ガッコウ）とよばれている。しかし多くの相次ぐ戦乱によって、しばしば荒らされ、破壊されて、現在のこの時代におひては最初の頃よりはるかに衰微している。

なお、ここには国宝「宋版尚書正義《そうはんしょうしょせいぎ》」「宋版礼記正義《らいきせいぎ》」「宋刊本文選《もんぜん》」「宋版周易註疏《しゅうえきちゅうそ》」ほか、多くの重要文化財が所蔵されている。

足利氏宅跡（鑁阿寺）（足利市家富町、国史跡）

足利学校西北に接するところに、**足利氏宅跡・鑁阿寺《ばんなじ》**は約二町（二〇

139　鑁阿寺大御堂

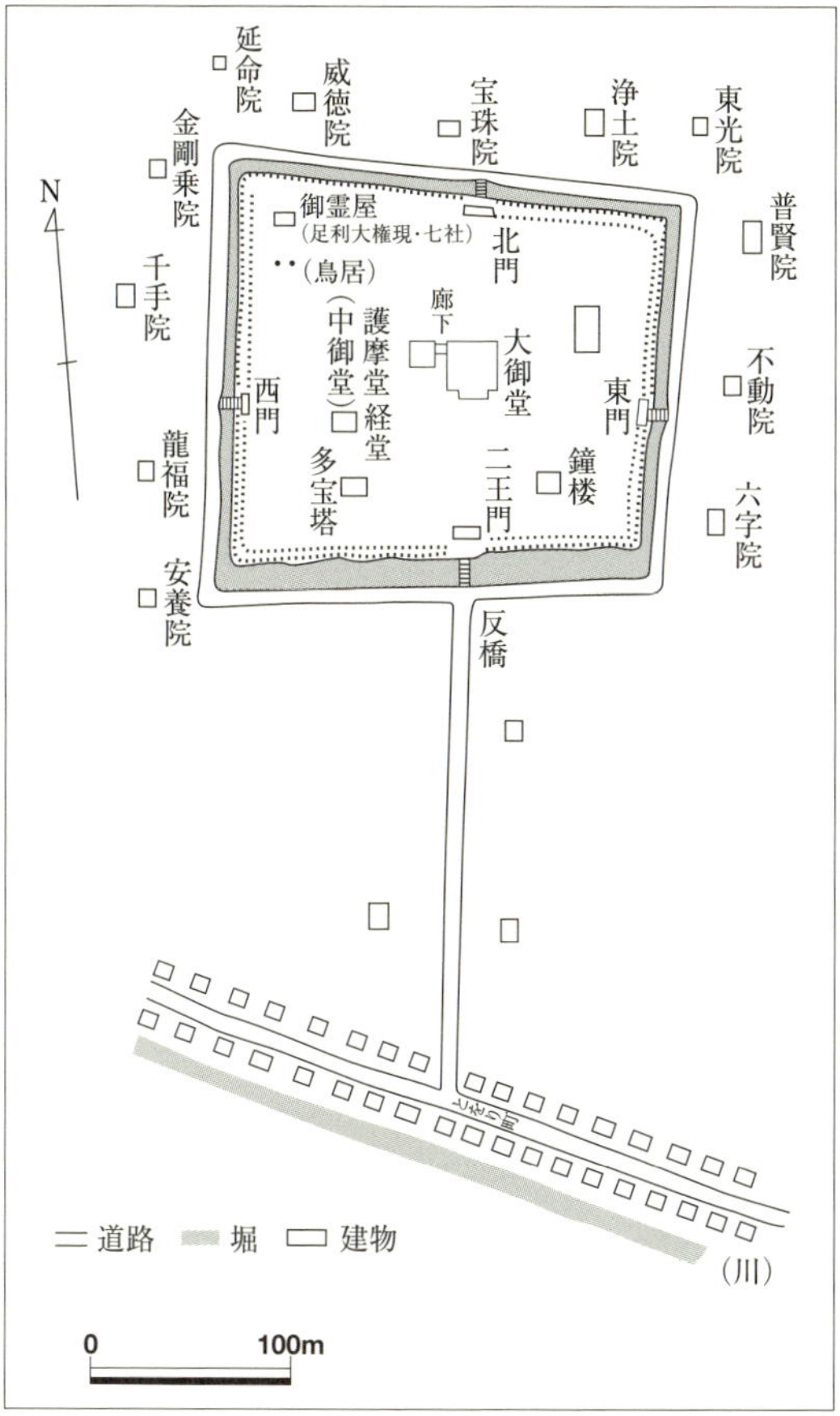

140　鑁阿寺一山十二坊および町の配置図（『近代足利市史』より作図）

141　御　霊　屋

142　足利氏宅跡の堀

143　鐘　　楼（右上）
144　多　宝　塔（上）

145　境内の大西堂と
校倉宝庫

146　一切経堂

○メートル余）四方の堀をめぐらし巨大な姿で建っている。

足利氏の祖義兼《よしかね》が本拠とした方二町の館を義兼没後に子息義氏が高野山末の真言寺院「堀内御堂《ほりうちみどう》」（鑁阿寺）を建立して足利氏の氏寺とした。開山は義兼の護持僧理真朗安《ごじそうりしんろうあん》で、南北朝時代までには寺内の四方を囲む形で東光院・普賢院《ふげんいん》・不動院・六字院・浄土院・宝珠院・威徳院・延命院・千手院・金剛乗院（三島院）・龍福院・安養院の一二院が囲み、千手院が全体を束ねる学頭の地位につき、各院が一年ごとの寺務を処理する年行事を勤める体制ができあがっていた。この一二院は明治期に消滅している。

境内には、鎌倉時代後期再建の重要文化財の**大御堂**《おおみどう》（本堂）を中心に、室町期の同じく重要文化財**一切経堂**《いっさいきょうどう》、鎌倉期の重要文化財の**鐘楼**《しょうろう》をはじめ、県の指定文化財として**多宝塔**・**宝庫**・蛭子堂《ひるこどう》（義兼の妻時子・北条政子の妹を祀る）・**大酉堂**《おおとりどう》・**御霊屋**《みたまや》などが立ち並んでいる。また、寺宝として鑁阿寺文書・経典・陶磁器など多数がある。

現在は、真言宗大日派の総本山として一年を通して、内外の参詣者が多く訪れ賑わいを見せている。

足利郡衙・勧農城跡　（足利市伊勢町・寿町・岩井町）

鑁阿寺からJR足利駅を越えて伊勢町・寿町に向かう。ここは、古代

148　国府野遺跡付近の飯成神社
（旧十念寺の稲荷・足利市指定）

147　旧十念寺付近

149　勧農城跡遠望

150　勧農城跡の土塁

151　智光寺跡

の郡衙《ぐんが》を継承し、中世の足利荘の政所《まんどころ》があったと推定される地区である。JR両毛線足利駅の東、南北に流れる袋川の西の一角と推定される。袋川に架かる十念寺橋に名を残す十念寺跡からは古代瓦が出土し、この十念寺跡付近に足利学校の元地があったといわれている。伊勢町の国府野《こうの》遺跡は、足利郡衙跡を示すもので、勧農とは農業を奨励し地域を繁栄させるという由緒ある用語である。

平安末期に足利郡を支配した藤原姓足利氏（俊綱《としつな》・忠綱《ただつな》）の本拠地はここにあったと推定される。ここを継承した源姓足利氏はここに足利荘政所を置き、年貢の徴収と政治支配の拠点とし、足利氏の有力家臣高氏《こうし》をここに配置したと考えられる。天福《てんぷく》二年（一二三四）の鑁阿寺建立の際の棟札写《むなふだうつし》に「引頭国府野源太夫秦国弘《いんとうこうふのげんたゆうはたくにひろ》」の名があり、この人物がこの地を管轄していたことが知られる。

この地区の南、渡良瀬川《わたらせがわ》東岸の岩井山に**勧農城**《かんのうじょう》が築かれたが、現在では渡良瀬川の河川改修で河川敷内となっている。室町時代の変流でここに渡良瀬川が流れ込んでいるが、それ以前は、清水川という河川が流れていた。足利郡衙はこの清水川の北、袋川の西に立地し、近くを東西に東山道が走っていた。

勧農城は、文正《ぶんしょう》元年（一四四六）に長尾景人《ながおかげひと》が足利荘代官として入部（長林寺系図）しており、このころに築城されたと推定される。城跡には、

152 吉祥寺

本丸・物見台のほか、二の丸・三の丸・大手口跡などがある。

足利氏歴代菩提寺

ここで足利氏歴代の菩提寺《ぼだいじ》に触れておこう。

発掘調査された足利泰氏の平石**智光寺**（山下町）以外に、義氏の**法楽寺**（本城三丁目）、頼氏の**吉祥寺**《きちじょうじ》（江川町）がある。この三寺ともに足利市街地の北にある大岩山の麓に立地し、法楽寺は曹洞宗寺院として、吉祥寺は天台宗寺院として現存している。

初代義兼の樺崎寺赤御堂《かばざきでらあかみどう》、二代義氏の法楽寺、三代泰氏の智光寺、四代頼氏の吉祥寺と足利に菩提寺を設けたが、五代家時は**報国寺**《ほうこくじ》（鎌倉市浄明寺宅間ケ谷）、六代貞氏は**浄妙寺**（鎌倉市浄明寺）と鎌倉に設けた。七代の尊氏は鎌倉の長寿寺（山ノ内）と京都の**等持院**（京都市北区等持院北町）に設けた。

報国寺以下はすべて臨済宗寺院である。それぞれの法号はこれら菩提寺に因んで、義兼＝赤御堂殿、義氏＝法楽寺殿、泰氏＝智光寺殿、頼氏＝吉祥寺殿、家時＝報国寺殿、貞氏＝浄妙寺殿、尊氏＝長寿寺殿と等持院殿という法号で称せられた。

なお、菩提寺ではないが法楽寺の南に足利義兼の長子義純が母時子（北条政子の妹）の菩提を弔うために創建した**法玄寺**がある。

153 法 楽 寺

154 足利義氏の墓（法楽寺）

155 報 国 寺
（鎌倉市浄明寺）

江川町
吉祥寺
足利市
両崖山
関東ふれあいの道
五十部
袋川
多門道
大岩町
西宮町
東山
総合運動場
西砂原後町
東砂原後町
産業技術学校
法楽寺
足利氏宅跡（鑁阿寺）
鑁阿寺
法玄寺
織姫神社
足利学校跡
善徳寺
太平記館
渡良瀬橋
中橋
緑橋
借宿町
東武伊勢崎線
あしかが
あしかがし
飯成神社
（国府野遺跡付近）

（144ページへ続く）

第16図　足利荘中央部(2)

（119ページより続く、重複あり）

156　浄　妙　寺
（鎌倉市浄明寺）

157　足利貞氏の墓（浄妙寺）

158　等　持　院（京都市北区等持院北町）

159　足利尊氏の墓（等持院）

160　法　玄　寺

161　樺崎寺跡航空写真

二　よみがえる樺崎寺と高南氏のふる里——東北部——

足利荘の中心部、足利学校・鑁阿寺からだいぶ離れるが、源姓足利氏の重要遺跡のある樺崎・名草地域に向かおう。

樺崎寺跡・樺崎八幡宮　（足利市樺崎町、国史跡）

JR足利駅から東北に四・六キロ、足利氏の菩提寺**樺崎寺《かばさきでら》跡**が立地する。八幡山の東麓、北から南へ流れる樺崎川の西（一部東に張り出す）に展開する広大な寺域である。足利氏の祖足利義兼がこの地に別邸を設けて隠棲し、浄土式庭園を造った。没後に遺骸を埋葬し、朱塗りの堂が建立され**赤御堂《あかみどう》**と称された（現在の樺崎八幡宮《かばさきはちまんぐう》）。以後足利氏の墓所となり、赤御堂の南に**多宝塔《たほうとう》**、歴代の**五輪塔**などが立ち並んだ状況が発掘調査された。また、赤御堂の北には足利氏の重臣高氏《こうし》の五輪塔も立ち並んでいた。池は赤御堂殿御池と称された。鎌倉時代中期には東の平場に赤御堂を上に見立てて**下御堂**（法界寺）や寺堂の

162　樺崎寺跡の浄土庭園

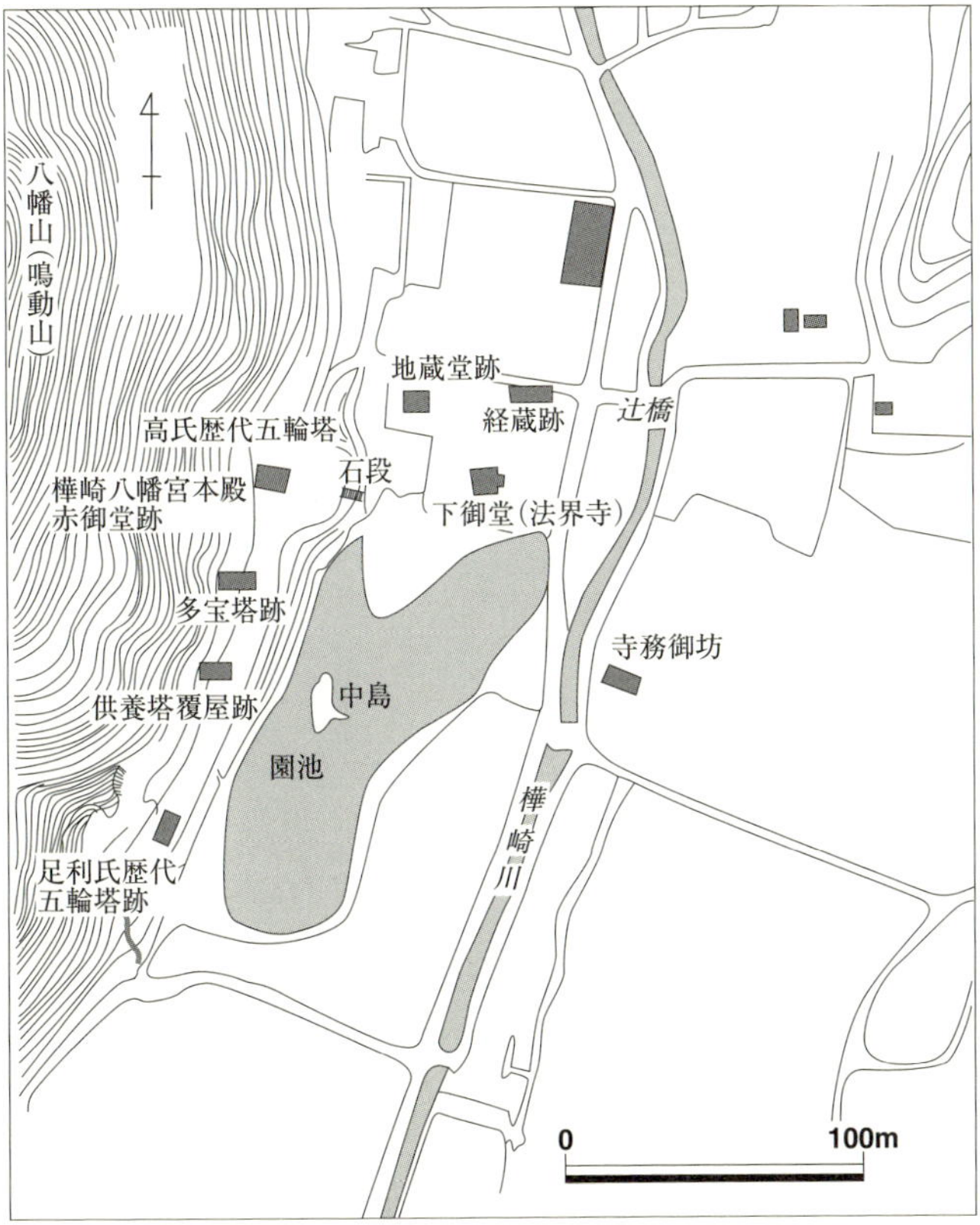

163　樺崎寺遺構配置図（『法界寺発掘調査概要』掲載図を補訂）

管理機構である西部屋・辻部屋・東部屋のそれぞれに二口ずつの坊、合わせて六坊が置かれた。これらの遺構も発掘調査されている。全体は、土地の名をとって樺崎寺ないし樺崎と称された。

江戸時代には、衰退をとげながらも寺は維持され、明治維新の神仏分離で、樺崎寺は赤御堂の部分が**樺崎八幡宮**となり、下御堂（法界寺）は

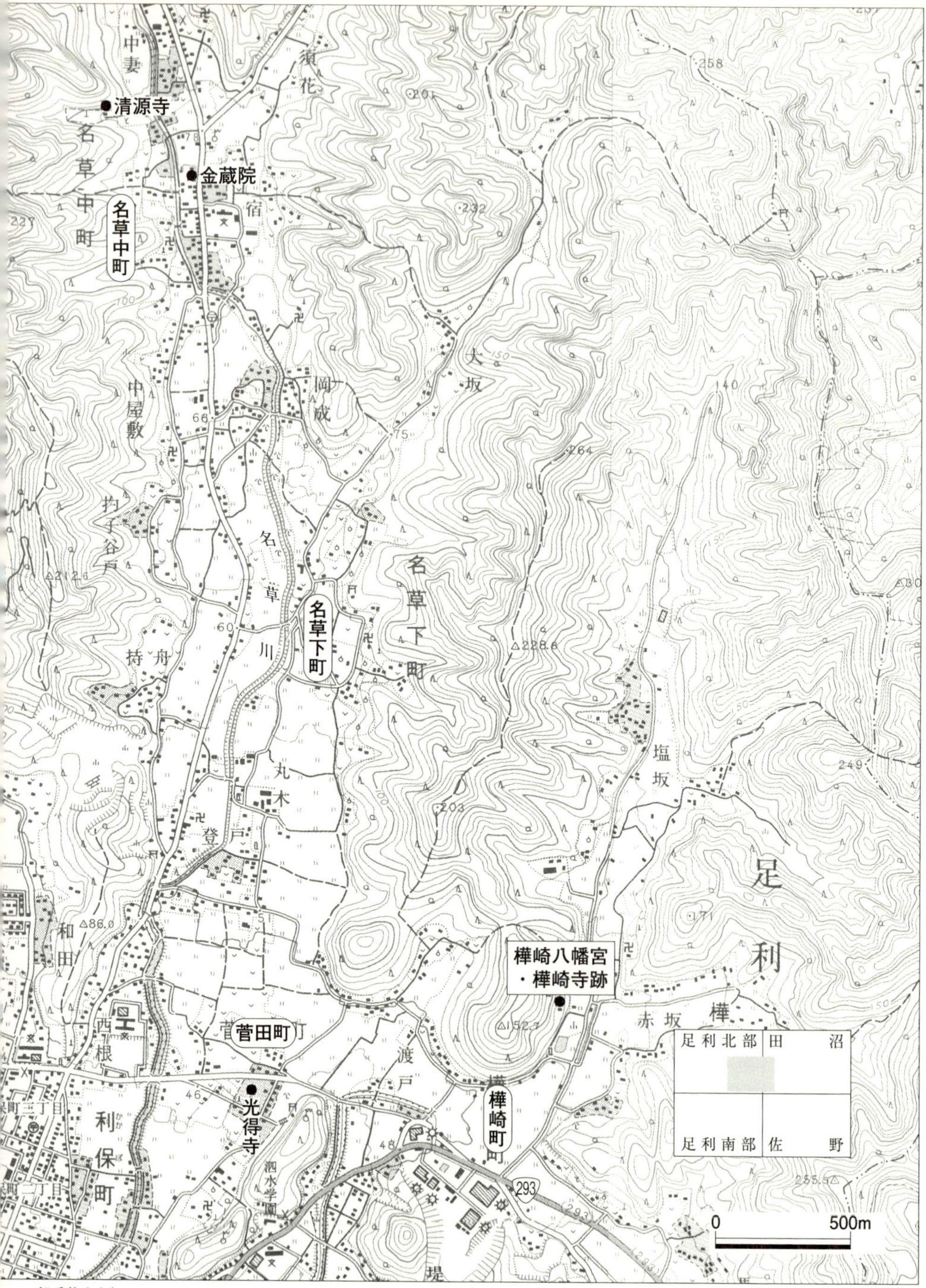
清源寺
金蔵院
名草中町
名草下町
樺崎八幡宮
・樺崎寺跡
菅田町
光得寺
樺崎町
中妻
須花
名草中町
宿
大坂
岡成
中屋敷
杓子谷戸
名草川
名草下町
持舟
丸木
登戸
塩坂
足利
和田
西根
渡戸
赤坂
樺
利保町
泗水学園
足利北部
田沼
足利南部
佐野
0
500m

一部重複あり）

第 17 図　足利荘東北部

（118～119 ページより続く、

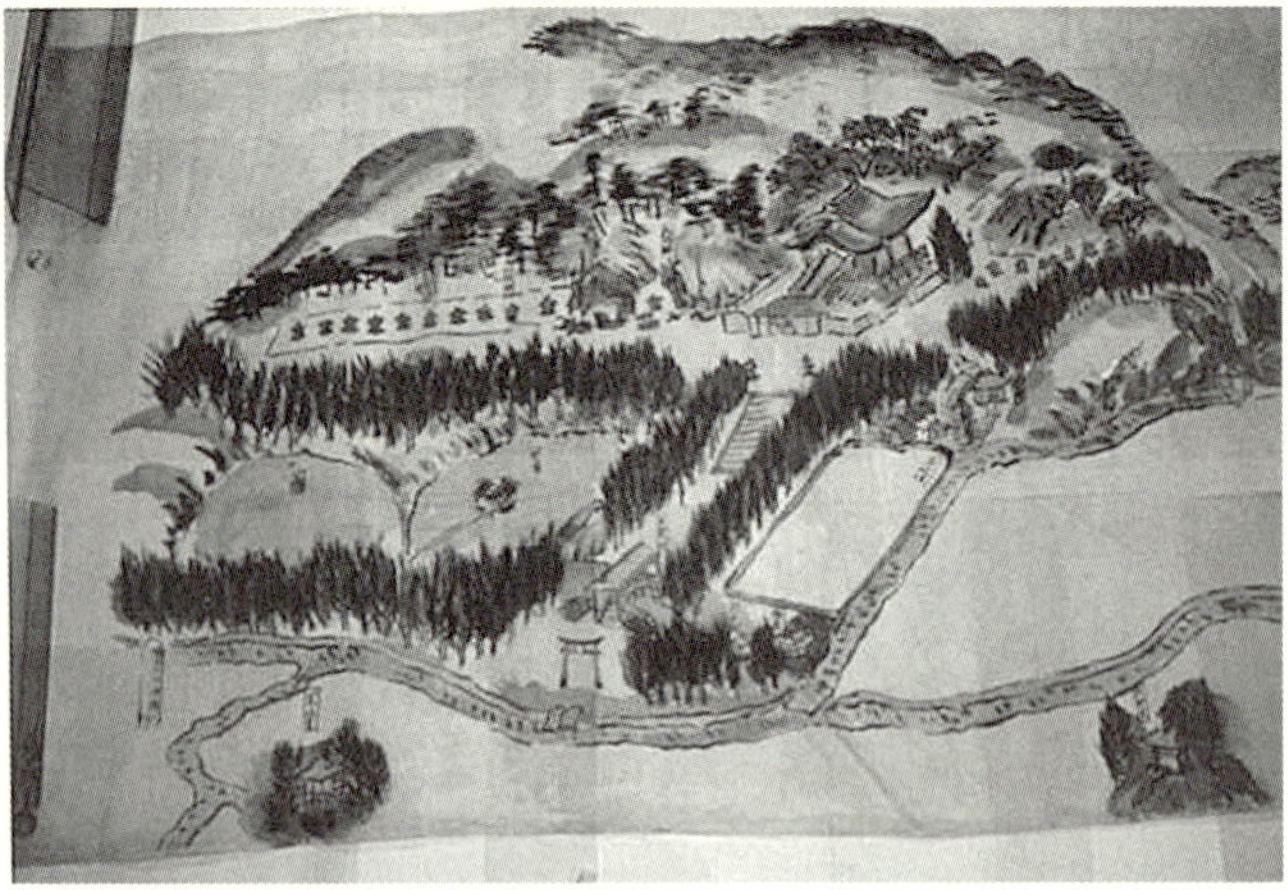
164　樺崎八幡宮絵図

165　樺崎八幡宮

166　樺崎寺多宝塔跡

167　樺崎寺五輪塔覆屋跡

168　樺崎寺供養塔覆屋跡

169　樺崎寺下御堂（法界寺）跡（ロープで囲ってある場所）

170　光　得　寺

171　光得寺にある樺崎寺の五輪塔群（前列南から）

寺として維持されたがその後に廃寺となった。

一九八三年以来、この遺跡の全面的な発掘調査が行われ、池を含む平場の部分や山麓の赤御堂（八幡宮）南側の状況が明らかにされ、多くの貴重な遺物が発見されて寺の全容が解明されてきて、国指定化が実現した。史跡の調査と整備はその後も続行されその全容が公開される日は近い。

神仏分離の過程で、赤御堂に祀った大日如来像《だいにちにょらいぞう》や五輪塔などは末寺の菅田《すげた》の光得寺に移管されたが、法界寺のものは散逸し、大日如来像は二〇〇八年アメリカのニューヨークのオークションで立川市の宗教法人真如苑によって莫大な金額で落札されて有名になった。いずれも仏師運慶《うんけい》作と推定されている。

樺崎寺の一九基の五輪塔群のなかで、銘文の解読から推定できる人物は、「浄妙寺殿」足利貞氏、「長寿寺殿」足利尊氏、忌日の日付のみの「康永《こうえい》二年五月廿四日」から高 師重《こうのもろしげ》、「前《さきの》武《ぶ》州《しゅう》太守《たいしゅ》道常《みちつね》大禅定門《だいぜんじょうもん》　観《かん》応《のう》二年辛卯二・廿六」から高師直《もろなお》、「月海円光大禅門　応安《おうあん》四年辛亥三月」から高 南宗継《こうのみなみむねつぐ》と計四人である。いずれも『太平記』に登場する人物である。

なお、樺崎八幡宮は誉田《こんだ》別命《わけのみこと》・豊城《とよき》入彦命《いりひこのみこと》・大己貴命《おおなむちのみこと》・事代主《ことしろぬしの》命《みこと》を祭神とするが、本殿の床下には墳墓が存在し、義兼の墓所の赤御堂

172　金　蔵　院

173　高南宗氏の五輪塔（金蔵院）

を出発点にして、後に八幡神が勧請されたものと考えられる（拙著『足利尊氏と直義』）。

光得寺　（足利市菅田町）

樺崎寺跡から八幡山南麓を通って西に一・五キロほど、菅田《すげた》の**光得寺**に向かう。

現在は臨済宗寺院で、かつて樺崎寺の末寺であった関係から明治維新の神仏分離のとき、樺崎寺赤御堂が樺崎八幡宮となった関係で、堂内にあった大日如来像と墓所にあった足利氏・高氏の**五輪塔群**一括が、この寺に保存されている。

金蔵院　（足利市名草中町）

光得寺から北へ三キロ、名草《なぐさ》地域に向かおう。

金蔵院《こんぞういん》は、高氏の一族で高南宗継《こうのみなみむねつぐ》（南遠江守）の一町四方の館（堀内）が寺院（真言宗）となったと伝承されている。西側に土塁の痕跡が見られる。宗継は『太平記』のなかで高師直《こうのもろなお》・師泰《もろやす》・師冬《もろふゆ》についで多くの活躍がみられるが、かならずしも高師直には同調せず、師直らの高氏没落以後も、鎌倉公方足利基氏《かまくらくぼうあしかがもとうじ》にしたがって関東で活躍した。それ故、足利荘においては高南氏が支配権を掌握していた。その本拠地が名草郷

174　清　源　寺

175　高南氏墓所の五輪塔（清源寺）

176　名草地域の風景

177　高南氏の五輪塔を調査する著者

である。

なお、境内には、「永興寺《えいこうじ》殿《どの》法名《ほうみょう》性雨《しょうう》　永和《えいわ》五年（一三七五）十二月二十三日」と刻まれ宗継の孫宗氏の**五輪塔**がある。

名草郷は、勧農・助戸地区から北に長く延びる名草谷の上・中・下の三集落を形成し、金蔵院はその中央部の中にある。JR足利駅から約七キロの地点に立地する。

清源寺（足利市名草上町）

金蔵院からさらに五〇〇メートルほど名草谷を遡ったところに南宗継の建立と伝えられる臨済宗寺院の**清源寺**《せいげんじ》がある。この寺は、南氏の菩提寺で寺から少しはなれた山中に「清源寺《せいげんじ》殿《どの》法名《ほうみょう》性円《しょうえん》　応安《おうあん》六年（一三七二）三月二十九日逝去」と刻まれた南宗継の五輪塔を中心に、向って右に女性二名、左に男性二名の堂々たる南北朝・室町期の**五輪塔**計五基が安置されている。

また、宗継は足利尊氏の重臣として、宗継宛「将軍足利尊氏施行《せぎょう》状《じょう》」（正平七年（一三五二）正月二日付）と「将軍足利尊氏御判御教書《ごはんみぎょうしょ》」（同年閏二月二十三日付）などの文書や「高氏系図」が同寺に所蔵されていた。

三　密教寺院鶏足寺と小俣氏——西北部——

178　鶏足寺

鶏足寺（足利市小俣町）

ＪＲ両毛線小俣駅から二キロのところに**鶏足寺**《けいそくじ》がある。小俣川の形成する谷の西に建立されている真言宗寺院で、寺伝によれば大同《だいどう》四年（八〇九）東大寺の定恵《じょうえ》によって創建され、仁寿《にんじゅ》元年（八五一）慈覚大師円《じかくだいしえん》仁《にん》が院号を仏手山金剛王院《ぶつしゅさんこんごうおういん》（世尊寺）と改め、天慶《てんぎょう》三年（九四〇）平将《たいらのまさ》門《かど》の乱のとき、住持定宥《じょうゆう》が調伏呪法《ちょうぶくじゅほう》を行い乱を鎮めた。この時に護摩《ごま》壇《だん》に鶏の足跡三つが三角形に現れた奇瑞により、朝廷から「鶏足寺」の勅額が下賜されて寺号となったという。寺宝として力王銘太刀、銅印「鶏足寺印」、弘長三年（一二六三）銘梵鐘（以上、重要文化財）、縁起・世代血脈・中世文書などが所蔵されている。

この「鶏足寺世代血脈」には、応永三十四年（一四二七）七月十日に大洪水が起こり、足利町辺で四八〇人の流死者が出たと記されている。

179　鶏足寺勅使門

180　小俣尊光の五輪塔

「鑁阿寺文書」のなかの「鑁阿寺文書一切経会等記録」によれば、正応四年（一二九一）七月七日に渡良瀬川の大洪水が起こり、大木が川原に流れ着いたのを、清水河（川）を通じて鑁阿寺に運びこの時行われていた大御堂の造営に役立てたという。この記事とあわせると、渡良瀬川の支流に清水川が位置づけられ、応永三十四年の大洪水のときに大量の水が足利町を襲い、この時に渡良瀬川が変流したと推定できる。

鶏足寺には足利一族の小俣氏が覚法《かくほう》・頼法《らいほう》・尊法《そんほう》・賢法《けんほう》・頼全《らいぜん》（俗名、仲義）・尊光《そんこう》（民部卿律師）などが住持ないし僧侶になっているが、頼全の子小俣義弘《おまたよしひろ》（次郎・宮内少輔）が『太平記』（巻三一「新田義兵を起こす事」「笛吹峠軍の事」、巻三三「新田左兵衛佐義興自害の事」）に登場し、観応の擾乱《じょうらん》では当初直義《ただよし》方に属したが降伏して尊氏方となって活躍している。

また、鶏足寺文書には、二通の足利基氏発給文書がある。観応二年（一三五一）五月三日に尊光にあてて足利基氏の軍勢催促状《ぐんぜいさいそくじょう》が出され、足利荘の軍勢を集め発向するよう命じている。また、文和《ぶんな》二年（一三五三）十二月十二日に基氏は、小俣尊光に対して、足利荘内町・村上・荒萩・産河などの地を高氏一族の大平修理亮《おおひらしゅりのすけ》や小嶋・那須らが不法占拠しているのを、淵辺《ふちのべ》安房守とともに現地に赴き所領を仁木頼章《にきよりあき》の代官有俊に引渡すよう命じている。足利荘の支配に小俣氏が重要な役割を負っていることがわかる。

小俣城跡
鶏足寺
小俣尊光の墓
恵性院（笛吹坂墓地）
市
曲松
大平
叶花
米沢
城山カントリー倶楽部
町屋
入小屋
細田
桐生川
小俣町
小俣川
松本
上濁沼
下濁沼
境野町七丁目
境橋
松原橋
渡良瀬川
ゴルフ場
町田
おまた
上野田ホーム
彦谷
葉鹿町
広沢町七丁目
小俣南町
キリウ足利工場
水質浄化センター
葉鹿町一
唐沢山
50

（129ページより続く）

第18図　足利荘西北部

桐生市
小梅町
新宿三丁目
琴平町
境野町一丁目
境野町二丁目
境野町三丁目
境野町
自転車専用道路
養護学校
昭和橋
渡良瀬川
広沢町一丁目
広沢町二丁目
広沢町三丁目
広沢町四丁目
広沢町五丁目
広沢町間ノ島
足垂
広沢
122
50
水処理センター
茶臼山
南公園
斎場
東毛少年自然の家
籾山峠
八王子丘陵
太田双葉カントリ
天王山
桐生
足利北部
上野境
足利南部
0
500m

181　小俣城跡遠望

この小俣尊光の墓石は、小俣町の恵性院の笛吹坂墓地に「法印尊光永和三年（一三七七）四月十七日」の銘文を有する**五輪塔**として建てられている。

小俣城跡

（足利市小俣町・小俣南町）

小俣城は、小俣氏の居城で鶏足寺の裏山に複郭の城跡が遺されている。東西三〇〇メートル、南北一五〇メートルの大規模なもので、戦国時代の城跡と考えられる。

四　梁田御厨と木戸地区——南部——

182　山辺八幡宮拝殿

山辺八幡宮

（足利市八幡町）

東武伊勢崎線足利市駅から西南に一・二キロ、小丘陵八幡山を背にして源氏祖神の**八幡宮**（第15図）が建てられている。

足利市域には、八幡社（宮）が一三社あるが、その中心をなす八幡宮で源義家《みなもとのよしいえ》が山城の石清水《いわしみず》八幡宮を勧請《かんじょう》したと伝承されているが、むしろ足利氏の祖先源義国ないし義康が平安末期に足利荘・梁田御厨に入部した際に勧請したと考えるのが自然である。江戸時代に佐野天明《さのてんみょう》の鋳物師《いもじ》が鋳造した銅造の**鳥居**が建てられ、その内側右に黒松の巨木が立っている。左の赤松は現在枯れてしまってない。

境内に宝物館があり、古地図や武器などが陳列されている。この古地図によって渡良瀬川の変流の様相が知られる。

迫間湿地
市
南高等産業技術学校
尾名川
毛野東部工業団地
川崎町
川崎橋
渡良瀬川
茂木
奥戸町
久保田町
馬場
馬場久保田町
野田町
保田
東久保田
グリーンセンター
渡良瀬川大橋
50
下野田
中日向
荒萩
瑞穂野町
下日向
高松町
常楽寺・木戸館跡
矢場川
傍示塚町
木戸町
邑楽町
たたら
日向町

第19図　足利荘南部

御厨工業団地
福富町
中里
問屋町
足利問屋団地
足利市
ふくい
塩島
小生川
足利渡良瀬ゴルフ場
梁田町
本郷
下渋垂町
上渋垂町
雷電
加子
百頭町
東武伊勢崎線
あがた
県町
三菱東京
西
西耕地
秋妻
東耕地
八坂工業団地
高松町
小曽根町
千原田
刈町
西耕地
足利北部
田沼
足利南部
佐野
0
500m

183　山辺八幡宮の天明鋳物師鋳造鳥居（右上）

184　山辺八幡宮の黒松（上）

185　矢　場　川

186　木戸館跡の土塁

187 常楽寺

木戸館跡（館林市木戸町）

東武伊勢崎線多々良駅から西北へ一・五キロの館林市の木戸町に、木戸氏の館跡がある。

現在は、国堺をなす矢場川（旧渡良瀬川）の河道変更によって館林市に編入されているが、中世では足利荘（簗田御厨）の最南端に位置し、足利荘の南入口の木戸（検問所）があったことからその名があると想定される。

『太平記』（巻三九「芳賀兵衛入道軍の事」）に足利氏の家臣として登場する木戸《きど》兵庫助《ひょうごのすけ》の本拠地で、木戸氏は室町時代に上杉氏の武将として活躍する。鎌倉末期には、足利氏の奉行人倉持氏が足利荘の所領支配を行っていて木戸郷内屋敷・田畠、加子郷内屋敷・田畠を給与されている（倉持文書）。この倉持氏と木戸氏との関係は不明である。ほぼ一町四方の規模と推定される館跡は西に水路、北・南に土塁が想定され、北側にその一部が残っている。郭内に赤城神社があったが、いまは移建されて存在せず、北側に真言宗寺院**常楽寺**が建っている。

あとがき

子どものころに歴史好きの父から聞いた話であるが、幕末から明治に生きた曾祖父伝吉は、新田郡米岡の栗原家から伊勢崎町の峰岸家の婿に入って仕事師《しごとし》の家業を継ぎ「伝頭《でんがしら》」を称し、世良田八坂神社の祇園祭りには法被《はっぴ》（印半纏《しるしばんてん》）を着て槍をもち、神幸《しんこう》の先触れを勤めたという。

やがて私は、歴史研究の道に入り、米岡という地名は、明治になって八木沼と高岡という二つの集落が合併してできた名称であることを知った。「八木」を「米」に縮小し、高岡の「岡」と合わせて成立した村なのである。中世の八木沼郷や平塚は長楽寺領で長楽寺文書にしばしば登場し、永禄八年（一五六五）に長楽寺住持義哲によって記された『長楽寺永禄日記』に、長楽寺と金山城主由良氏の家臣とが平塚郷の大豆売買をめぐる争いの記述があり、そのなかで郷の指導層の百姓に「栗原」の名を見出したときはたいへん驚き、前述の父の昔話を思い出した。

そのような親近感と、出身地伊勢崎市にも近く調査研究に好都合なこともあって新田荘を研究のフィールドにすることとなった。一九五九年に修士論文作成のために調査に入り、地元生品中学校教諭小暮仁一氏のご案内で、市野井の湧水を見てまわり、西今井の茂木吉一氏宅で西今井屋敷図と屋敷を取り囲む環濠を見た感激は、今も忘れられない。また、大学の後輩である新田矩子氏の紹介で、御父君の新田義美氏の田島屋敷を訪れ、正木文書の巻子本（原本）と冊子本（写本）を見せていただいた光景は今もまぶたに焼き付いている。

足利とのかかわりは、一九六〇年にたまたま父の長期入院先が鑁阿寺の門前であったことから、何度となく父を見舞った後に同寺を訪れたことに始まった。方形の堀に囲まれた大規模な寺院のたたずまいに圧倒された思い出がある。

それ以来、伊勢崎市の生家を訪れる機会に、東武線に乗って新田とともに足利に赴く機会が多くなった。群馬・栃木と県は異なるが、渡良瀬川を挟んだ新田・足利の両地域は、私にとって研究生活の初めのころからの馴染みの所である。

以来半世紀にわたり、『新田町誌』『尾島町誌』『藪塚本町誌』の編さんや、金山城・新田荘遺跡などの国指定史跡の保存整備にかかわらせていただき、多くの地元住民や小此木実次・小川正次・宮田毅氏など町誌・文化財関係者の方々のご教示を賜った。その後、『近代足利市史』の編さんや、樺崎寺跡（当初は「法界寺跡」と称した）の調査と国指定史跡に向けた活動に参画し、教育委員会文化財の大沢啓伸・足立佳代氏、地元研究者の菊池卓・日下部高明・柳田貞夫氏に多くのご教示を得た。

これらの経過を踏まえて、いくつかの論稿を発表する機会を得たが（『中世の東国—地域と権力—』東京大学出版会）、今世紀に入って『新田義貞』『足利尊氏と直義』の二著（吉川弘文館）を出版させていただいた。この二著が編集者の眼にとまったのであろうか、吉川弘文館より本書の刊行の依頼があり編さんを承諾した。本書のような書籍の性格上、多くの写真図版を掲載する必要があり、現地写真の撮影のために写真家の織田百合子さんと妹の真塩南枝さんの車で新田・足利地域の各地を廻った。また別に編集者の大岩由明氏も分担して撮影のため飛び廻っていただいた。

かつてのこの両地域は、太田・足利の中心市街地を抱えているものの、その周辺は広大な農村地帯が広がっていた。集落がとびとびに山林・田畑に囲まれて存在し、村々を細い道路がつないでいた。それが、一九六〇年代以降の高度経済成長の中で、都市化の波が押し寄せてみるみるうちに変貌を遂げていった。工業団地や住宅地が農村地帯に進出し、舗装道路が整備され、縦横の高速道路も建設されていった。近代に至っても維持されてきた村落景観が、一挙に崩壊してしまった。とりわけ、新田の笠懸野といわれる大間々扇状地の扇央部は、広々とした山林と畑地を含む荒野であったが、道路網の整備と住宅地や工場の進出で一変してしまい、かつての面影がまったくなくなってしまった。今回写真撮影のため改めて遺跡地を巡ったが、探し出すのに一苦労した次第である。

高度成長以前は、この地域を経巡りながら中世の景観を容易に想像することができたが、現時点では難しくなってしまった。それでも、新田・足利氏の関係寺院・神社や館跡・石造遺物を実見することによって、中世武士の面影を偲ぶことができる。本書では、読者が具体的に往時の城館や町を想い描いていただくために、写真図版のほか近世の絵図や図面を折り込み、叙述も歴史を実感していただけるよう心がけたつもりである。

願わくば本書を太平記の里ともいうべき新田・足利地域に持参し、新田・足利氏の史跡を巡り、鎌倉・室町時代の歴史に浸っていただければ幸いである。

二〇一一年一月一一日

峰岸純夫

参考文献

勝守すみ「室町時代における東国武士所領の展開—岩松氏の場合—」『群馬大学紀要』一九五四年
前沢輝政『足利の歴史』維新書房、一九七一年
柳田貞夫『在地土豪と南北朝の動乱』（私家版）一九七五年
足利市『近代足利市史』第一巻通史編、一九七七年
柳田貞夫『足利氏の世界—足利地方の古代末期史—』（私家版）一九八〇年
小谷俊彦「鎌倉期足利氏の族的関係について」『史学』五〇号、一九八〇年
尾島町教育委員会編『尾島町歴史散歩』尾島町文化協会、一五八二年
金子規矩雄監修『長楽寺と新田荘』あさを社、一九八三年
尾島町『尾島町誌』通史編上巻、一九八三年
尾崎喜佐雄『上野国長楽寺の研究』尾崎喜佐雄先生著書刊行会、一九八四年
新田町『新田町誌』特集編「新田荘と新田氏」、一九八四年
日下部高明・菊池卓『足利浪漫紀行』随想舎、一九九一年
新田町誌編さん係（小川正二）『村々の沿革と絵図』新田町、一九九一年
藪塚本町『藪塚本町誌』上巻、一九九一年
足利市教育委員会文化財保護係『法界寺跡発掘調査概報』一九九五年
太田市『太田市史』史料編中世・通史編中世、一九八六年・一九九七年
国井洋子「中世東国における造塔・造仏用石材の産地とその供給圏」『歴史学研究』七〇二号、一九九七年
峰岸純夫『新田義貞』吉川弘文館、二〇〇五年、『足利尊氏と直義』吉川弘文館、二〇〇九年
山本隆志『新田義貞』ミネルヴァ書房、二〇〇六年
大沢伸啓『樺崎寺跡』同成社、二〇一〇年

太平記を読む（歴史と古典）

市沢　哲編

四六判・三〇〇頁／二八〇〇円

南北朝内乱という未曾有の事件を描いた『太平記』。繰り返される合戦、跳梁跋扈する妖怪、王権の証となる宝物の行方、秩序の回復を模索する仏教界。東アジア世界も視野に収め、変革の時代のダイナミズムに迫る。

太平記の世界　列島の内乱史（読みなおす日本史）

佐藤和彦著

四六判・二五六頁／二二〇〇円

天皇・貴族・武士から庶民まで、すべての人々が動乱に巻き込まれた南北朝時代。後醍醐天皇・足利尊氏・楠木正成・夢窓疎石・佐々木道誉・足利義満ら、主役を演じた人物の行動と生き様から、新しい歴史の動きを描き出す。

南北朝の動乱（日本の時代史）

村井章介編

Ａ５判・三〇四頁／三二〇〇円

鎌倉時代末期に分裂した王統の対立は、やがて武家勢力の分裂と結び付き、半世紀をこえる南北朝動乱の時代となる。この長期にわたった内乱の時代の政治・経済・外交・社会・文化を、東アジアという文脈の中で描き出す。

両毛と上州諸街道（街道の日本史）

峰岸純夫・田中康雄・能登　健編

四六判／二三〇〇円

浅間・榛名・赤城などの火山屏風を背に、渡良瀬川を挟む両毛。この地域は、人と火山災害との苦闘の舞台である。旧石器の発見、足利氏と新田氏、養蚕王国の誕生、足尾鉱毒事件など、光と影の織りなす歴史を解明。　二八四頁

（価格は税別）

吉川弘文館

新田義貞（人物叢書）

峰岸純夫著

四六判・二四〇頁／一八〇〇円

鎌倉幕府を滅ぼした武将。後醍醐天皇に呼応して倒幕を果たし、建武政府の一翼を担う。足利尊氏と対立し、南北朝動乱を体現するが、転戦の末、不慮の戦死を遂げる。凡将・愚将とされた旧来の人物像を覆す義貞伝の決定版。

足利尊氏と直義 京の夢、鎌倉の夢（歴史文化ライブラリー）

峰岸純夫著

四六判・二〇八頁／一七〇〇円

室町幕府成立後の尊氏・直義兄弟の確執は、義詮・直冬の争闘を経て、幕府と鎌倉府という二つの支配体制成立の要因となる。対立の実態を『太平記』などから当時の政治過程に位置づけて再現。神護寺三画像の比定も試みる。

足利尊氏再発見 一族をめぐる肖像・仏像・古文書

峰岸純夫・江田郁夫編

四六判・二三六頁／二二〇〇円

室町幕府を開いた尊氏とその一族に、最新の研究成果で迫った決定版。肖像画の像主究明や運慶ら仏師との関係など、歴史と美術の双方からアプローチ。兄弟間の確執の真相や尊氏を支えた人々を探り、新たな尊氏像を描く。

楠木正成

新井孝重著

四六判・二五六頁／二四〇〇円

民間武装民の戦力を基礎に、巨大権力鎌倉幕府と戦った楠木正成。正成とは何者か、その意外なルーツと合戦の実態を探り、蜂起から敗北までを活写する。戦前来の忠臣像から解き放ち、〈生ける正成〉に光を当てる注目の書。

著者略歴

一九三二年　群馬県に生まれる
一九六一年　慶応義塾大学大学院文学研究科修士課程修了
現　在　東京都立大学名誉教授

〔主要著書〕
中世の東国―地域と権力―（東京大学出版会、一九八九年）
中世　災害・戦乱の社会史（吉川弘文館、一九九八年）
新田義貞（吉川弘文館、二〇〇五年）
中世東国の荘園公領と宗教（吉川弘文館、二〇〇六年）
中世社会の一揆と宗教（東京大学出版会、二〇〇八年）
足利尊氏と直義（吉川弘文館、二〇〇九年）
中世荘園・公領制と流通（岩田書院、二〇〇九年）
日本中世の社会構成―階級と身分―（校倉書房、二〇一〇年）

歴史の旅　太平記の里　新田・足利を歩く

二〇一一年（平成二十三）四月一日　第一刷発行
二〇一五年（平成二十七）四月一日　第二刷発行

著　者　峰《みね》岸《ぎし》純《すみ》夫《お》
発行者　吉川道郎
発行所　株式会社　吉川弘文館
郵便番号一一三―〇〇三三
東京都文京区本郷七丁目二番八号
電話〇三―三八一三―九一五一（代）
振替口座〇〇一〇〇―五―二四四番
http://www.yoshikawa-k.co.jp/

印刷＝株式会社　平文社
製本＝ナショナル製本協同組合
装幀＝下川雅敏

ISBN978-4-642-08052-1

索　引

あ 行

赤城神社　*21*
赤御堂殿御池　*132*
足利家時　*30*
足利学校　*32, 115, 125*
足利学校跡　*28, 117, 119, 128*
足利学校学校門　*120*
足利学校孔子廟　*120*
足利郡衙跡　*32*
足利貞氏の墓　*130*
足利氏　*34*
足利氏・高氏の五輪塔群　*139*
足利氏系図　*31, 32*
足利氏宅跡(鑁阿寺)　*28, 119, 120, 128*
足利氏宅跡の堀　*122*
足利千寿王　*50*
足利尊氏　*1, 60, 89*
足利尊氏の墓　*131*
足利直義　*4, 143*
足利荘　*2, 4, 25, 30*
足利基氏　*139, 143*
足利泰氏　*30*
足利義詮　*4, 22*
足利義氏　*30*
足利義氏の墓　*127*
足利義康　*4, 30*
足　垂　*103, 145*
足垂郷　*14*
吾妻鏡　*83*
あずま道　*21*
安成寺　*41, 52, 54*
安成寺薬師堂　*52, 54*
安養寺　*60*
安養寺村絵図　*61*
飯　田　*104, 106*
飯　塚　*16, 104, 106*
生品神社　*7, 20, 21, 69, 75*
生品神社境内　*15, 24, 67*
生品神社拝殿　*76*
憩　川　*105*
威光寺　*66, 85, 86*
石　塚　*17, 38, 63*
石塔氏　*30*
伊勢町　*28, 123*
板石塔婆　*63*
板　碑　*44, 54, 63*
一翁院豪　*42*
市野井　*15, 67, 75, 77*
市野井(一井)郷　*12, 21, 70*
市野井の通木の湧水　*77*
一井兵部大輔　*77*
市野井付近の石塔遺物　*78*
一ノ字池　*67, 77*
一色氏　*30*
飯成神社(国府野遺跡付近)　*118, 128*
猪俣党　*64*
今川氏　*30*
岩井町　*28*
岩宿遺跡　*110, 112, 113*
岩　松　*16, 90*
岩松家純　*102*
岩松郷　*93*
岩松氏　*21, 88*
岩松氏歴代の近世の墓石　*42*
岩松経家　*21, 76, 93*
岩松時兼　*12*
岩松直国　*93, 94*
岩松尚純の墓　*90, 94, 107*
岩松八幡宮　*90, 92, 93, 107*
岩松八幡宮拝殿　*92*
岩松政経　*70*
岩松館跡　*93*
岩松頼宥　*60*
上杉憲実　*117*
上杉頼重　*30*
上野氏　*30*
牛　沢　*16, 90, 107*
牛沢郷　*95*
牛沢神社　*90, 105, 107*
牛沢館跡　*90, 105, 107*
牛沢館跡の堀　*105*
氏　寺　*12*
牛の塔　*95, 97*
有徳銭　*18*
運　慶　*138*
栄　朝　*37*
栄朝の無縫塔　*42*
恵性院(笛吹坂墓地)　*144*
江田郷　*12*
江田光義　*21, 76*
江田館跡　*17, 24, 40, 65, 67*
江田館跡の堀と土塁　*68*
江田行義　*21, 65*
縁切り寺　*55*
円福寺　*82, 83*
円福寺境内　*16, 23, 66, 99*
円福寺の石幢　*84*
大井田氏　*76*
大岩町　*121*
大　島　*16, 98*
大島郷　*95*
大島氏　*105*
大島館跡　*98, 100*
大島義政　*100*
太田金山子育て呑龍　*100*
太田郷　*95*
太田市立史跡金山城跡ガイダンス施設(地域交流センター)　*98*
太田市立新田荘歴史資料館　*36*
大　館　*17, 38, 91*
大館氏明　*21, 76*
大館氏兼　*21, 76*
大館郷　*55*
大館幸氏　*20, 76*
大館宗氏　*20, 55, 70, 76*
大館館跡　*38, 55, 56, 91*
大　根　*15, 67*
大間々扇状地　*8, 21*

小野篁　117
小俣氏　30,143
小俣城跡　144,146
小俣尊光　143
小俣尊光の五輪塔(墓)　143,
144,146
小俣町　144
小俣義弘　143

か　行

開山栄朝の無縫塔　44
加　子　28,149
加子氏　30
笠懸野　8,108
笠懸原(野)の合戦　103
鹿島利氏　23
金　井　15,67,75
金　山　35,102
金山丘陵　8,9
金山城　102
金山城跡　14,29,98
金山城跡の石垣と復元建物
101
金山城跡の大手虎口　102
金山城跡の日ノ池　102
金山城主　64
金山神社　67,73,75
金沢文庫　117
樺崎町　26,120
樺崎寺赤御堂　126,132
樺崎寺跡　132
樺崎寺跡・樺崎八幡宮　32
樺崎寺跡の浄土庭園　133
樺崎寺遺構配置図　133
樺崎寺供養塔覆屋跡　137
樺崎寺五輪(供養)塔　34,132,
138
樺崎寺五輪塔覆屋跡　137
樺崎寺下御堂(法界寺)　132
樺崎寺下御堂(法界寺)跡　137
樺崎寺多宝塔　132
樺崎寺多宝塔跡　136
樺崎八幡宮　132,133,136
樺崎八幡宮・樺崎寺跡　26,
120
樺崎八幡宮絵図　136
上今井郷　53
上江田　12,17,40,67
上田島　12,16
上田中　12,17,41
上野井　75
賀茂神社　103
観応の擾乱　143
灌頂井戸　42
勧農城跡　118,124,125
勧農城跡の土塁　124
北野天神絵巻　93
吉祥寺　118,126,128
木戸氏　30
木戸町　28,148,151
木戸兵庫助　151
木戸館跡　33,151
木戸館跡の土塁　150
紀出雲介親連　19,51
紀五左衛門尉(政綱)　22
逆　修　63
旧十念寺付近　124
旧常楽寺石塔群　40,66
旧来迎寺墓所　40
吉良氏　30
近世のあずま道道標　109
近世の岩松氏の墓　44
金龍寺　98,100,101
空覚(明源房)　71
楠木正成　4,18
倉持氏　34,151
黒沼彦四郎入道　19,51
鶏足寺　33,42,71,142～144
鶏足寺勅使門　143
華蔵寺　39,64
華蔵寺大日堂　64
華蔵寺の五輪塔　64
月船琛海(法照禅師)の墓所
37,43
源氏系図　5
高一族　30
高　氏　34,125
高氏系図　141
高氏五輪塔　132
上野国志　51
強　戸　14,96
強戸(額戸)郷　95
勾当内侍　57,59
勾当内侍遺墳碑　60
勾当内侍の墓　57
光得寺　34,134,138,139
額戸経義　9
国府野遺跡　125
国府野遺跡付近の飯成神社
124
高南氏墓所の五輪塔　140
高南宗氏の五輪塔　141
高南宗継　138,139,141
高師重　138
高師直　4,138
小金井　14,75
後醍醐天皇　1,89,92
寿　町　28,123
五輪塔　44,57,141
金剛寺　90,93,107
金蔵院　33,134,139

さ　行

在家農民　69
在地領主　34
里見氏　21,76
里見義胤　21,76
里見義俊　9,105
佐野天明の鋳物師　147
佐野義綱　103
鹿田山　8,13,35,111
斯波氏　30
斯波高経　58
渋川氏　30
清水川　25
下江田　12,17,40,91
下田島　12,16
下田中　12,17,41
重殿水源　15,24,67,69
十二所神社　83
十二所神社境内　16,23,66,
99
十念寺　117
十念寺跡　125
十念寺橋　118
松陰私語　102
荘園領主　34
庠　主　117

浄蔵寺　88, 91
浄蔵寺不動堂　88
正法寺　66, 79
正法寺仁王門　80
浄妙寺　126, 130
照明寺（反町薬師）　82
常楽寺　151
常楽寺跡　85
常楽寺・木戸館跡　148
常楽寺跡の宝篋印塔と五輪塔　85, 87
条里制水田　104
青蓮寺　90, 93, 94, 107
真言院　37
真言院井戸　43
菅　塩　14, 96
菅田町　26, 134, 138
清源寺　120, 140, 141
清和源氏　4
石　塔　44
世良田　17, 36, 39
世良田（徳川）氏　12
世良田（徳川）義季　9, 37
世良田（徳川）義季の墓　42
世良田郷　9
世良田宿　12, 50
世良田満義　23
世良田村絵図　49, 51
世良田義政　22
世良田頼氏　18, 46
千寿王　22, 23
善昌寺　111, 113
善昌寺五輪塔・宝篋印塔　112, 113
善徳寺　116, 119, 128
宋刊本文選　120
総持寺　12, 42, 46
総持寺境内　17, 23, 39
総持寺鐘楼　18
総持寺本堂　47
層　塔　44
宋版周易註疏　120
宋版尚書正義　120
宋版礼記正義　120
園田御厨　14, 95, 103
反　町　17
反町館跡　17, 24, 40, 66, 80, 81
反町館跡の土塁　81
反町館跡の堀　81
反町館跡復元図　81

た　行

大慶寺　71, 72
大慶寺・綿打館跡　67
大慶寺の五輪塔　72
台源氏館跡　66, 85, 99
大光院　98, 100
太平記　1, 57〜59, 75, 88, 138, 143, 151
太平記館　116, 119, 128
高　島　17, 38, 63
高　林　16, 90, 106
高林郷　95
高林館　105
高山氏　86
高山彦九郎　86
高山彦九郎遺髪塚　86, 87
高山彦九郎宅跡　86, 87
高山彦九郎宅跡・附遺髪塚　16, 90, 107
田中郷　12
田中氏　73, 76, 105
田中時明　12
田部井　15, 75
智光寺跡　125, 126, 129
智明坊（園田成家）　95
茶臼山　8
中世東山道（あずま道）　21, 108
長慶寺　41, 73
長慶寺の石造遺物群と宝篋印塔　74
長寿寺　126
長明寺　67, 73, 74
長明寺の宝篋印塔　74
長楽寺　12, 37, 43
長楽寺永禄日記　46
長楽寺境内　17, 24, 39
長楽寺三仏堂　42, 45
長楽寺太鼓門　42, 45
長楽寺勅使門　12, 42
長楽寺蓮池と渡月橋　45
恒良親王　92
定期市　50
寺　井　14, 75
寺岡氏　30
天　海　37
天神山　8, 13, 42, 108, 109, 111, 113
天神山凝灰岩採掘場図　109
伝新田義重の墓　38, 55, 56
伝船田屋敷　19
伝北条時子五輪塔　30
天良七堂遺跡　108
東山道　4
等持院　126, 131
東照宮　36
東照宮唐門　37, 42
東照宮境内　17, 24, 39
東照宮鉄灯籠　37
東照宮拝殿　37
東照宮本殿　37
燈明寺畷　58
徳　川　17, 38
徳川東照宮　38, 55, 56
徳川館跡　54, 55
鳥　山　14
鳥山氏　76, 105
呑龍様　100
呑　嶺　63

な　行

中江田　12, 17, 40
長　岡　14, 97
長尾景人　125
長　手　98
長手郷　95
名草上町　26
名草郷　141
名草下町　26, 134
名草地域の風景　140
名草中町　26, 134
成　塚　14, 96
成塚郷　95
西今井　17, 41
西今井館跡　41, 51, 52
西今井屋敷図　51, 52
二体地蔵　21

二体地蔵塚　*20,38,51*
新　川　*13,111*
新川郷　*113*
新田岩松氏　*64*
新田郡庁跡　*99,108*
新田家累代の墓所　*83*
新田氏系図　*11*
新田氏惣領家　*12*
新田氏累代の五輪塔・層塔　*82*
新田氏累代の石造遺物　*84*
新田荘　*3,4,8*
新田荘の湧水源　*78*
新田荘歴史資料館　*36,39*
新田触不動　*63*
新田堀(長堀)用水　*8,21,22*
新田政義　*18,83*
新田義興の墓　*85,86*
新田義兼　*9*
新田義貞　*1,18～20,51,58,60*
新田義貞の首塚　*57*
新田義貞旗挙塚　*20*
新田義貞木像　*100*
新田義重　*4,9,55,70,93*
新田義助　*4*
日本教会史　*120*
後　鑑　*22*

は　行

畠山氏　*30*
八王子丘陵　*8,9,35*
八幡太郎義家　*4*
花香塚　*17,41*
花香塚郷　*53*
花見塚　*57*
花見塚神社　*38,59,60*
羽川氏　*76*
早　川　*42,47,53,113*
磔　場　*20,51*
坂東の大学　*117*
鑁阿寺　*32,115*
鑁阿寺一切経堂　*123*
鑁阿寺一山十二坊および町の配置図　*121*
鑁阿寺大酉堂　*123*
鑁阿寺大御堂　*121,123*
鑁阿寺境内の大酉堂と校倉宝庫　*122*
鑁阿寺山門　*32*
鑁阿寺鐘楼　*123*
鑁阿寺多宝塔　*123*
鑁阿寺蛭子堂　*123*
鑁阿寺宝庫　*123*
鑁阿寺御霊屋　*123*
東田遺跡　*40,65,67,68*
東矢島　*106*
広　沢　*21*
広沢郷　*14,103*
笛吹坂墓地　*146*
福蔵院　*67,77,79*
福蔵院の石造遺物　*79*
普光庵跡　*37,43*
藤原姓足利氏　*125*
渕名荘　*19,53*
船田屋敷　*12*
船田義昌　*18,19,51,113*
普門寺　*12,38,46,47*
別　所　*16,66*
別所村　*12*
蛇屋敷　*67,77*
宝篋印塔　*44,54*
法玄寺　*119,126,128,131*
報国寺　*126,127*
北条高時　*4,19,20*
北条時子　*30,126*
北条時輔　*18*
北条時宗　*18*
北条久時　*30*
宝　塔　*44*
法　然　*95*
法楽寺　*119,126～128*
細川氏　*30*
細　谷　*16,90*
細谷氏　*86*
細谷村　*12,86*
菩提寺　*126*
堀内御堂　*115,123*
堀　口　*16,91*
堀口貞満　*21,76,88,89*
堀口氏　*88*
堀口館跡碑　*89,91*
堀口行義　*76*
堀内(伝船田義昌館跡)　*39,50*

ま　行

松平定信　*42*
満徳寺遺跡　*38,55*
水　殿　*70*
源義国　*4,93*
明王院　*60,62*
明王院境内　*17,24,38,91*
明王院五輪塔群　*62*
明王院参道　*60*
明王院本堂　*62*
明王院薬師如来像　*63*
妙満尼　*71*
六日市　*50*
無学祖元(仏光国師)　*117*
武蔵七党　*64*
無縫塔　*44*
村田郷　*82*
村田氏　*82*
桃井氏　*21,30*
桃井尚義　*21,76*
毛呂権蔵　*18,51*
文殊山の伝世良田氏歴代の墓　*44*
文殊山の伝世良田義季の墓　*44*
門　田　*53*

や　行

館　城　*65*
館　寺　*46,63,73*
館ノ坊　*42*
八坂神社(天王社)　*12,22,23,39,46*
八坂神社拝殿　*47*
矢島郷　*95*
八瀬川　*105*
矢太神水源　*15,24,67～69*
梁田御厨　*25*
矢場川(旧渡良瀬川)　*25,150,151*
藪　塚　*15,97*
山下町　*135*
山名宗全(持豊)　*9*
山名義範　*9*

山辺八幡宮　*33,147*
山辺八幡宮鳥居　*147*
山辺八幡宮の黒松　*150*
山辺八幡宮の天明鋳物師鋳造鳥居　*150*
山辺八幡宮拝殿　*147*
山辺八幡神社　*119*
八幡町　*29*
八幡荘　*9*
八幡荘寺尾　*21,76*
有力農民屋敷復元図　*68*
由　良　*16,66,99,107*
由良郷　*9,12,82,83*
由良氏　*64,83,85*
由良成繁　*18*
横　瀬　*17,39,63*
横瀬国繁　*102*
横瀬氏　*64,94,100*
横瀬氏歴代五輪塔群　*101*
義国神社　*90,94,107*
義国神社にある石塔遺物　*94*
四日市　*50*

ら　行

来迎寺　*40,53*
来迎寺の仏頭　*53*
来迎寺墓所　*54*
来迎寺墓所の宝篋印塔　*54*
理真朗安　*123*

わ　行

脇　屋　*14,66,99*
脇屋村　*12*
脇屋館跡　*66,99*
脇屋義助　*19,20,76*
脇屋義助の供養板碑　*63*
脇屋義助館跡の碑文　*79*
脇屋義助館跡碑　*80*
綿打氏頼　*71*
綿打郷　*70*
綿打氏　*71*
綿打館跡　*71*
綿打館土塁跡　*70*
渡良瀬川　*25,143*

新田・足利荘地図一覧

第１図　新田・足利荘周辺図　*2*
第２図　新田荘主要図(1)　*13*
第３図　新田荘主要図(2)　*14*
第４図　新田荘主要図(3)　*16*
第５図　足利荘主要図(1)　*26*
第６図　足利荘主要図(2)　*28*
第７図　新田荘西南部(1)　*38*
第８図　新田荘西南部(2)　*40*
第９図　新田荘中央部　*66*
第10図　新田荘南東部　*90*
第11図　新田荘東部(1)　*96*
第12図　新田荘東部(2)　*98*
第13図　新田荘東南部　*106*
第14図　新田荘北部　*110*
第15図　足利荘中央部(1)　*118*
第16図　足利荘中央部(2)　*128*
第17図　足利荘東北部　*134*
第18図　足利荘西北部　*144*
第19図　足利荘南部　*148*

図 版 一 覧

＊は織田百合子氏撮影

1　源氏系図　*5*
2　生品神社＊　*7*
3　みどり市笠懸町より鹿田山を臨む＊　*8*
4　太田市藪塚町より八王子丘陵を臨む　*9*
5　太田市脇屋町より金山丘陵を臨む　*9*
6　新田氏系図　*10*
7　長楽寺勅使門＊　*12*
8　総持寺鐘楼と街道＊　*18*
9　伝船田屋敷の堀内＊　*19*
10　新田義貞旗挙塚（生品神社）　*20*
11　二体地蔵＊　*21*
12　新田堀（長堀）用水　*22*
13　八坂神社（天王社）への道＊　*23*
14　八坂神社の鳥居＊　*24*
15　足利市付近の渡良瀬川＊　*25*
16　伝北条時子五輪塔（法玄寺）　*30*
17　足利氏系図（1）　*31*
18　足利氏系図（2）　*32*
19　鑁阿寺山門　*32*
20　山辺八幡宮＊　*33*
21　樺崎寺五輪（供養）塔（足利市教育委員会）　*34*
22　新田荘中心部を南上空から臨む（群馬県教育委員会）　*35*
23　太田市立新田荘歴史資料館＊　*36*
24　東照宮拝殿＊　*37*
25　東照宮鉄灯籠＊　*37*
26　東照宮唐門＊　*42*
27　長楽寺＊　*43*
28　普光庵跡＊　*43*
29　月船琛海の墓所＊　*43*
30　真言院井戸＊　*43*
31　文殊山の伝世良田氏歴代の墓＊　*44*
32　文殊山の伝世良田義季の墓と一翁院豪の墓＊　*44*
33　開山栄朝の無縫塔＊　*44*
34　近世の岩松氏の墓＊　*44*
35　三仏堂＊　*45*
36　蓮池と渡月橋＊　*45*
37　太鼓門＊　*45*
38　総持寺＊　*46*
39　総持寺本堂＊　*47*
40　総持寺の裏を流れる早川＊　*47*
41　普門寺＊　*47*
42　八坂神社拝殿＊　*47*
43　世良田村絵図（弘化２年，粕川成一氏蔵）　*48*
44　堀内（伝船田義昌館跡）＊　*50*
45　二体地蔵塚＊　*51*
46　西今井屋敷図　*52*

47 西今井館跡* *52*
48 安成寺* *52*
49 安成寺薬師堂* *52*
50 来迎寺* *53*
51 来迎寺の仏頭* *53*
52 来迎寺墓所* *54*
53 来迎寺墓所の宝篋印塔* *54*
54 満徳寺遺跡（復元本堂）* *55*
55 伝新田義重の墓（宝塔） *56*
56 徳川東照宮 *56*
57 大館館跡 *56*
58 勾当内侍の墓と新田義貞の首塚と伝えられる五輪塔 *57*
59 太平記（巻頭・巻尾，古活字版慶長15年刊） *58*
60 花見塚神社 *59*
61 明王院参道* *60*
62 安養寺村絵図 *61*
63 明王院航空写真（太田市教育委員会） *62*
64 明王院本堂* *62*
65 明王院五輪塔群* *62*
66 脇屋義助の供養板碑と拓本* *63*
67 明王院薬師如来像* *63*
68 深谷市高島付近の利根川土手より金山方面を臨む *64*
69 華蔵寺大日堂 *64*
70 華蔵寺の五輪塔 *64*
71 江田館跡航空写真（太田市教育委員会） *65*
72 江田館跡の堀と土塁* *68*
73 有力農民の屋敷復元図（飯塚聡氏画） *68*
74 矢太神水源* *68*
75 重殿水源* *69*
76 綿打館土塁跡 *70*
77 大慶寺* *71*
78 大慶寺の五輪塔 *72*
79 長慶寺* *73*
80 長慶寺の石造遺物群と宝篋印塔* *74*
81 長明寺* *74*
82 長明寺の宝篋印塔 *74*
83 金山神社* *75*
84 生品神社拝殿 *76*
85 市野井の通木の湧水* 77
86 新田荘の湧水源 78
87 市野井付近の石塔遺物* 78
88 福蔵院 79
89 福蔵院の石造遺物 79
90 正法寺仁王門* 80
91 脇屋義助館跡碑 80
92 反町館跡航空写真（太田市教育委員会） 80
93 反町館跡の土塁* *81*
94 反町館跡の堀* *81*
95 反町館跡復元図 *81*
96 照明寺（反町薬師）本堂* *82*
97 円福寺* *83*
98 新田氏累代の石造遺物* *84*
99 円福寺の石幢* *84*
100 十二所神社* *84*
101 台源氏館跡 *85*
102 威光寺 *86*
103 新田義興の墓 *86*
104 常楽寺跡の宝篋印塔と五輪塔 *87*
105 高山彦九郎宅跡 *87*
106 高山彦九郎遺髪塚 *87*
107 浄蔵寺不動堂 *88*
108 堀口館跡碑 *89*
109 岩松八幡宮 *92*
110 岩松八幡宮拝殿 *92*
111 金剛寺地蔵堂 *93*
112 青蓮寺 *93*
113 岩松尚純の墓 *94*
114 義国神社にある石塔遺物 *94*
115 牛の塔* *95*
116 大光院 *100*
117 新田義貞木像（金龍寺蔵） *100*
118 金龍寺 *101*
119 横瀬氏歴代五輪塔群 *101*
120 金山城跡の石垣と復元建物 *101*
121 金山城跡の大手虎口の石垣と敷石通路 *102*
122 金山城跡の日ノ池 *102*
123 賀茂神社 *103*
124 現在の飯田・飯塚町付近 *104*
125 牛沢館跡の堀 *105*
126 牛沢神社 *105*
127 新田郡庁跡* *108*
128 近世のあずま道道標* *109*
129 天神山凝灰岩採掘場図 *109*
130 天神山* *109*
131 岩宿遺跡 *112*
132 善昌寺墓所の五輪塔と宝篋印塔* *112*

133 善昌寺*　*113*
134 鑁阿寺と足利学校跡（足利市役所）*115*
135 善徳寺　*116*
136 足利学校跡全景　*117*
137 足利学校学校門*　*122*
138 足利学校孔子廟*　*122*
139 鑁阿寺大御堂　*123*
140 鑁阿寺一山十二坊および町の配置図　*123*
141 御霊屋*　*123*
142 足利氏宅跡の堀*　*124*
143 鐘　楼*　*124*
144 多宝塔*　*124*
145 境内の大酉堂と校倉宝庫*　*124*
146 一切経堂*　*125*
147 旧十念寺付近　*126*
148 国府野遺跡付近の飯成神社　*126*
149 勧農城跡遠望　*126*
150 勧農城跡の土塁　*126*
151 智光寺跡　*127*
152 吉祥寺　*128*
153 法楽寺　*129*
154 足利義氏の墓　*129*
155 報国寺　*129*
156 浄妙寺　*130*
157 足利貞氏の墓　*130*
158 等持院　*131*
159 足利尊氏の墓　*131*
160 法玄寺　*131*
161 樺崎寺跡航空写真（足利市教育委員会）*132*
162 樺崎寺跡の浄土庭園*　*133*
163 樺崎寺遺構配置図　*133*
164 樺崎八幡宮絵図（足利市教育委員会）*136*
165 樺崎八幡宮*　*136*
166 樺崎寺多宝塔跡*　*136*
167 樺崎寺五輪塔覆屋跡*　*137*
168 樺崎寺供養塔覆屋跡*　*137*
169 樺崎寺下御堂（法界寺）跡*　*137*
170 光得寺　*138*
171 光得寺にある樺崎寺の五輪塔群（足利市教育委員会）*138*
172 金蔵院　*139*
173 高南宗氏の五輪塔（金蔵院）*　*139*
174 清源寺　*140*
175 高南氏墓所の五輪塔（清源寺）*　*140*
176 名草地域の風景　*140*
177 高南氏の五輪塔を調査する著者　*141*
178 鶏足寺　*142*
179 鶏足寺勅使門　*143*
180 小俣尊光の五輪塔　*143*
181 小俣城跡遠望　*146*
182 山辺八幡宮拝殿*　*147*
183 山辺八幡宮の天明鋳物師鋳造鳥居*　*150*
184 山辺八幡宮の黒松*　*150*
185 矢場川　*150*
186 木戸館跡の土塁　*150*
187 常楽寺　*151*